নিৰ্বাচিত অসমীয়া সাহিত্য পাঠ (এক সমালোচনাত্মক অন্বেষণ)

মৃদুল মৰাণ

দেৱগাঁও কমল দুৱৰা মহাবিদ্যালয়ৰ মৰমৰ শিক্ষাৰ্থীসকলৰ হাতত...

বিষয়বস্তু

1

অমিয়া মহন্তৰ 'ৰাধিকা' উপন্যাসত শংকৰদেৱ বিষয়ক প্ৰসংগঃ এক বিশ্লেষণ

সাৰাংশ

অমিয়া মহন্তৰ 'ৰাধিকা' (২০১৮) এখন জীৱনীমূলক উপন্যাস। এই উপন্যাসখন 'সতী ৰাধিকা'ৰ জীৱনকেন্দ্রিক। সতী ৰাধিকাৰ প্ৰসংগ কথা-গুৰুচৰিতত পোৱা যায়। কথা-গুৰুচৰিতৰ বৰ্ণনা অনুসৰি আলিপুখুৰীৰ ভূঞাচাপৰিৰ মাজেদি বৈ যোৱা টেঙুৱানী জানে অঞ্চলটো প্ৰায়ে প্লাৱিত কৰিছিল। বহুজনে টেঙুৱানীৰ গানীৰ সোঁফৈ ভেটা দিবলৈ যত্ন কৰিছিল যদিও সফল হোৱা নাছিল। শংকৰদেৱে এই জানটো এজনী সতী নাৰীৰ দ্বাৰাহে বুধিব পৰা যাব বুলি কৈছিল। ৰাধিকাই পলত পানী আনি টেঙুৱানীত বান্ধ নিৰ্মাণ সম্ভৱ কৰি তুলিছিল। এনে কাৰণতে ৰাধিকাক 'সতী' আখ্যা দিয়া হয়। কথা-গুৰুচৰিতৰ মতে ৰাধিকাৰ প্ৰকৃত নাম আছিল 'যোগমায়া'। উপন্যাসখনত 'সুমথিৰা' বুলিহে পোৱা যায়। যোগমায়া সুমথিৰাৰ মাকৰ নাম। 'ৰাধিকা' নামটো শংকৰদেৱে দিয়া। ঔপন্যাসিক অমিয়া মহন্তই এই বৰ্ণনাৰ আধাৰতে উপন্যাসখন ৰচনা কৰিছে। অৱশ্যে তেওঁ এই বৰ্ণনাক বাস্তৱবাদী দৃষ্টিৰে পৰ্যবেক্ষণ কৰি এয়া ৰাধিকাৰ বাস্তৱ কাৰিকৰী জ্ঞানৰ বাবেহে সম্ভৱ হৈছিল বুলি বিশ্লেষণ কৰি দেখুৱাইছে। অমিয়া মহন্তৰ 'ৰাধিকা' (২০১৮) উপন্যাস প্ৰকাশৰ পূৰ্বে জুৰি শইকীয়াৰ দ্বাৰা ৰচিত সতী ৰাধিকাৰ জীৱনকেন্দ্রিক 'ৰাধিকা' উপন্যাসখন ২০১৬ চনত বনলতাই প্ৰকাশ কৰিছিল। অমিয়া মহন্তৰ 'ৰাধিকা' সতী ৰাধিকাৰ জীৱনকেন্দ্রিক দ্বিতীয় উপন্যাস। কৈৱৰ্ত নাৰী সতী ৰাধিকাৰ চৰিত্রটো শংকৰদেৱৰ জীৱনৰ লগত জড়িত। সেইবাবে উপন্যাসখনৰ বিভিন্ন অংশত শংকৰদেৱ বিষয়ক বিভিন্ন প্ৰসংগ চিত্রিত হৈছে। বিশ্লেষণাত্মক পদ্ধতিৰে প্ৰস্তুত কৰা এই গৱেষণা-পত্রখনত অমিয়া মহন্তৰ 'ৰাধিকা' (২০১৮) উপন্যাসত চিত্রিত শংকৰদেৱ বিষয়ক প্ৰসংগৰ লগত জড়িত তিনিটা

দিশ বিচাৰ কৰা হৈছে— শংকৰদেৱৰ সাহিত্যিক-সাংস্কৃতিক কাৰ্যাৱলী, শংকৰদেৱৰ সমাজ-সংস্কাৰ আন্দোলন আৰু কৈৱৰ্ত নাৰী ৰাধিকা তথা কৈৱৰ্ত সমাজত শংকৰদেৱৰ প্ৰভাৱ।
বীজশব্দঃ কৈৱৰ্ত, টেম্বুৱানী জান, শংকৰদেৱ, সতী ৰাধিকা।

১. আৰম্ভণি

জীৱনীমূলক উপন্যাস হৈছে উপন্যাসৰ এটা প্ৰধান প্ৰকাৰ। এনে উপন্যাসত কোনো এজন ব্যক্তিৰ জীৱনক উপন্যাসৰ দৰে কাহিনীৰ সহায়েৰে উপস্থাপন কৰা হয়। জীৱনীমূলক উপন্যাসত কল্পনাৰ প্ৰয়োগৰ স্থান কম। অৱশ্যে কোনো ব্যক্তিৰ বিষয়ে বিতং তথ্য নাথাকিলে ঔপন্যাসিকে তথ্য আৰু সত্যক কল্পনাৰ ৰহণ সানি উপস্থাপন কৰিব পাৰে। জীৱনীমূলক উপন্যাস একবিংশ শতিকাৰ অসমীয়া উপন্যাসৰ এটা বিশিষ্ট ধাৰা। এই শতিকাত প্ৰকাশিত অসমীয়া জীৱনীমূলক উপন্যাসসমূহৰ ভিতৰত অমিয়া মহন্তৰ ‘ৰাধিকা’ (২০১৮) অন্যতম। তেওঁ ‘ৰাধিকা’ৰ লগতে ‘পদ্মপ্ৰিয়া’ নামৰ আন এখন জীৱনীমূলক উপন্যাসো ৰচনা কৰিছে। এই উপন্যাসখন অসমৰ প্ৰথম মহিলা কবি, গোপাল আতাৰ কন্যা আই পদ্মপ্ৰিয়াৰ জীৱনক লৈ ৰচিত। একবিংশ শতিকাত অসমীয়া ভাষাত অম্বিকাগিৰী ৰায়চৌধুৰী, আজান ফকীৰ, জয়মতী কুঁৱৰী, স্বৰ্গদেউ ৰুদ্ৰসিংহ, আইদেউ সন্দিকৈ, গোপাল আতা, শংকৰদেৱৰ নাতি চতুৰ্ভুজ ঠাকুৰৰ পত্নী কনকলতা, শ্ৰীমন্ত শংকৰদেৱ, লক্ষ্মীনাথ বেজবৰুৱা আৰু প্ৰজ্ঞাসুন্দৰী দেৱী, ইন্দিৰা মিৰি, শ্ৰীশ্ৰী পীতাম্বৰ দেৱগোস্বামী, মথুৰাদাস বুঢ়া আতা, চাওলুং চুকাফা, গোমধৰ কোঁৱৰ, ৰবীন বেনাৰ্জী, দেৱবালা চলিহা, কুশল কোঁৱৰ, নলিনীবালা দেৱী, শীলভদ্ৰ আদিৰ জীৱনক কেন্দ্ৰ কৰি উপন্যাস ৰচিত হৈছে। অসমীয়া ভাষাত শংকৰদেৱৰ জীৱনক কেন্দ্ৰ কৰি বিংশ শতিকাত চৈয়দ আব্দুল মালিকে ‘ধন্য নৰ তনু ভাল’ আৰু মাধৱদেৱৰ জীৱনক কেন্দ্ৰ কৰি ‘প্ৰেম অমৃতৰ নদী’ নামৰ উপন্যাস ৰচনা কৰিছিল। মেদিনী চৌধুৰীয়ে মাধৱদেৱৰ জীৱনৰ আধাৰত ‘বৰ্ণুকাবেহাৰ’ নামৰ জীৱনীমূলক উপন্যাস ৰচনা কৰিছিল। একবিংশ শতিকাত প্ৰকাশিত লক্ষ্মীনন্দন বৰাৰ ‘যেচন গগন বিয়াপি’, ‘সেহি সৱ্যসাচী’, ‘গতি মতি ভকতি’; নিৰুপমা মহন্তৰ ‘গগনে গৰজে ঘন’, ‘অপৰাজিতা’, ‘পদ্মপ্ৰিয়া—বাটেমৰৰ বসন্তবীণা’; ৰুদ্ৰাণী শৰ্মাৰ ‘লৌহিত্য তীৰৰ অমৃত গাঁথা’, জুৰি শইকীয়াৰ ‘ৰাধিকা’, অমিয়া মহন্তৰ ‘পদ্মপ্ৰিয়া’ আৰু ‘ৰাধিকা’ আদি উপন্যাসত প্ৰাসংগিকভাৱে শংকৰদেৱৰ চৰিত্ৰ উপস্থাপিত হৈছে। এই পত্ৰত অমিয়া মহন্তৰ দ্বাৰা ৰচিত ‘ৰাধিকা’ উপন্যাসত চিত্ৰিত শংকৰদেৱ বিষয়ক প্ৰসংগৰ বিষয়ে বিচাৰ কৰা হৈছে।

১.১ অধ্যয়নৰ উদ্দেশ্য

‘অমিয়া মহন্তৰ ‘ৰাধিকা’ উপন্যাসত শংকৰদেৱ বিষয়ক প্ৰসংগঃ এক বিশ্লেষণ’ শীৰ্ষক এই অধ্যয়নৰ মূল উদ্দেশ্যকেইটা হৈছে—

- উপন্যাসখনত শংকৰদেৱৰ সামাজিক-সাংস্কৃতিক কাৰ্যাৱলীৰ বৰ্ণনা কেনেকৈ দাঙি ধৰা হৈছে, সেয়া বিচাৰ কৰা।
- উপন্যাসখনত চিত্ৰিত শংকৰদেৱৰ সমাজ-সংস্কাৰ আন্দোলনৰ কোনবোৰ দিশ প্ৰকাশ পাইছে, তাৰ অনুসন্ধান কৰা।
- উপন্যাসখনত কৈৱৰ্ত নাৰী ৰাধিকা তথা কৈৱৰ্ত সমাজত পৰা শংকৰদেৱৰ প্ৰভাৱ কিদৰে চিত্ৰিত হৈছে, সেয়া বিচাৰ কৰা।

১.২ অধ্যয়নৰ পদ্ধতি

'অমিয়া মহন্তৰ 'ৰাধিকা' উপন্যাসত শংকৰদেৱ বিষয়ক প্ৰসংগ: এক বিশ্লেষণ' শীৰ্ষক গৱেষণা-পত্ৰখন বৰ্ণনাত্মক আৰু বিশ্লেষণাত্মক পদ্ধতিৰে প্ৰস্তুত কৰা হৈছে। মূল আলোচনালৈ যোৱাৰ পূৰ্বে ঔপন্যাসিক অমিয়া মহন্তৰ এক চমু পৰিচয় প্ৰদান কৰা হৈছে আৰু 'ৰাধিকা' উপন্যাসখনৰ কাহিনীৰ আভাস দিয়া হৈছে।

১.৩ অধ্যয়নৰ পৰিসৰ

'অমিয়া মহন্তৰ 'ৰাধিকা' উপন্যাসত শংকৰদেৱ বিষয়ক প্ৰসংগ: এক বিশ্লেষণ' শীৰ্ষক এই অধ্যয়নৰ পৰিসৰত প্ৰধানকৈ তিনিটা দিশ সামৰি লোৱা হৈছে। সেই দিশ তিনিটা হ'ল—

- উপন্যাসখনত চিত্ৰিত শংকৰদেৱৰ সামাজিক-সাংস্কৃতিক কাৰ্যাৱলী,
- উপন্যাসখনত চিত্ৰিত শংকৰদেৱৰ সমাজ-সংস্কাৰ আন্দোলন আৰু
- উপন্যাসখনত কৈৱৰ্ত নাৰী ৰাধিকা তথা কৈৱৰ্ত সমাজত শংকৰদেৱৰ প্ৰভাৱ বিষয়ক চিত্ৰণ।

২. ঔপন্যাসিক অমিয়া মহন্তৰ পৰিচয়

ঔপন্যাসিক অমিয়া মহন্তৰ জন্ম ১৯৫২ চনৰ ২৬ জুলাইত। মহন্ত অধ্যাপনাৰ লগতে সাহিত্য ৰচনাৰ লগতো জড়িত। তেওঁ সৰুপেটাৰ বি. এইচ. বি. কলেজৰ অসমীয়া বিভাগত অধ্যাপনা কৰিছিল। তেওঁ বৰপেটা জিলা সাহিত্য সভাৰ প্ৰাক্তন সভানেত্ৰী। অমিয়া মহন্তৰ দ্বাৰা ৰচিত উপন্যাস দুখন হৈছে 'পদ্মপ্ৰিয়া' আৰু 'ৰাধিকা' (২০১৮)। দুয়োখন উপন্যাসেই জীৱনীমূলক উপন্যাস। 'পদ্মপ্ৰিয়া' উপন্যাসখন অসমৰ প্ৰথম মহিলা কবি, গোপাল আতাৰ কন্যা আই পদ্মপ্ৰিয়াৰ জীৱনক লৈ ৰচিত। 'ৰাধিকা' উপন্যাসখন টেম্বুৱানী জানকেন্দ্ৰিক ঘটনাটোৰ লগত জড়িত কৈৱৰ্ত নাৰী ৰাধিকাৰ জীৱনক লৈ ৰচিত। ২০১৮ চনত এই উপন্যাসখন বৰপেটা সাহিত্য সভাৰ জন্ম শতবৰ্ষ উদযাপন মহোৎসৱৰ 'এশখন গ্ৰন্থ প্ৰকাশ'ৰ আঁচনিত অধীনত প্ৰকাশ পায়। উল্লেখযোগ্য যে, ৰাধিকা চৰিত্ৰক লৈ জুৰি শইকীয়াই ২০১৬ চনত 'ৰাধিকা' নামৰ উপন্যাস ৰচনা কৰিছিল আৰু উপন্যাসখনৰ প্ৰকাশক আছিল বনলতা। আনহাতে, পদ্মপ্ৰিয়াক লৈ নিৰুপমা মহন্তই 'পদ্মপ্ৰিয়া— বাটেমৰাৰ বসন্তবীণা' (২০২২) নামৰ উপন্যাস ৰচনা কৰিছে (প্ৰকাশক: বাণী মন্দিৰ)।

অমিয়া মহন্তই ২০২১ চনত 'পদ্মপ্ৰিয়া' উপন্যাসৰ বাবে বৰপেটা লেখিকা সমাৰোহ সমিতিয়ে প্ৰদান কৰা 'আই পদ্মপ্ৰিয়া বঁটা' লাভ কৰে।

অমিয়া মহন্তৰ দ্বাৰা ৰচিত অন্যান্য গ্ৰন্থসমূহ হ'ল— 'ভাষা-সাহিত্যৰ ৰস', 'ৰাম সৰস্বতীৰ ৰচনাৱলীৰ ভাষা', 'বৰপে'ইতা শব্দকোষ' (সম্পাদিত) আদি।

সন্ত চৰিত, লোকশ্ৰুতি আৰু স্বকীয় বিচাৰ-বিশ্লেষণৰ আধাৰত অমিয়া মহন্তই 'পদ্মপ্ৰিয়া' আৰু 'ৰাধিকা' উপন্যাস দুখন ৰচনা কৰিছে। দুয়োখন উপন্যাসৰ কাহিনী নিৰ্মাণলৈ লক্ষ্য কৰিলে ঔপন্যাসিক মহন্তৰ মাজত সক্ৰিয় হৈ থকা নাৰীবাদী দৃষ্টিভংগী এটা চকুত পৰে। তেওঁ শংকৰদেৱৰ সময়ৰ দুগৰাকী অসমীয়া নাৰী পদ্মপ্ৰিয়া আৰু ৰাধিকাৰ প্ৰতিভা আৰু দক্ষতাক বাস্তৱবাদী দৃষ্টিৰে নতুনকৈ বিশ্লেষণ কৰি উপস্থাপন কৰিবলে যত্ন কৰিছে। তেওঁ পদ্মপ্ৰিয়াই বাটেমৰা জানৰ পাৰত স্থাপন কৰা মহিলা সত্ৰখন পুনৰ উদ্ধাৰ কৰিবলে মাত মাতি আহিছে। লগতে বৰপেটা সত্ৰত মহিলাৰ প্ৰৱেশ নিষিদ্ধ সম্পৰ্কে মাত মাতি আহিছে। 'আই পদ্মপ্ৰিয়া বঁটা' গ্ৰহণৰ সময়ত

সেইবাবে তেওঁ কৈছিল— “ষোড়শ শতিকাত নাৰী শিক্ষা নিষিদ্ধ আছিল। সেই সময়তে আই পদ্মপ্রিয়াই পিতাকৰ তাগিদাত গীত-পদ ৰচনা কৰিছিল যদিও আজিলেকে পদ্মপ্রিয়াৰ গীত-পদ ৰাইজে পঢ়িবলে পোৱা নাই। চৰিত পুথি চলাথ কৰি গম পোৱা গ’ল যে মহিলাসকলক নস্যাৎ কৰা নাই। ষোড়শ শতিকাত কৰি যোৱা সেই নিষিদ্ধ সময়চোৱাৰ গীত-পদবিলাক আজিও প্রকাশ নহ’ল। আখৰ-জোঁটনি শিকিয়েই পদ্মপ্রিয়াই কিছু ৰচনাৰ জৰিয়তে লিপিবদ্ধ কৰিছিল। কেইটামান শব্দ সংলগ্ন কৰিলেই কবিতা নহয়। গোপাল আতা জীয়াই থকা সময়চোৱালৈকে পদ্মপ্রিয়াই আৰু বহু কাম কৰিব পাৰিলেহেঁতেন। কেৱল নাৰীৰ বাবেই গোপাল আতাই পদ্মপ্রিয়াক সত্রৰ দায়িত্ব নিদিয়াত অধিক আক্ষেপ কৰি তাৰ পৰা গুছি গৈছিল। আজি সেই বাটেমেৰা জানো নাই, সত্রখনো নাই। অসমৰ একমাত্র মহিলা সত্র বাটেমেৰা উদ্ধাৰৰ বাবে কোনো ব্যৱস্থা হাতত লোৱা দেখা নগ’ল। নির্দিষ্ট ঠাইখনত সত্রখন স্থাপন কৰি আই পদ্মপ্রিয়াক সন্মান জনাব লাগে। এখন সমাজ একেলগে আগ নাবাঢ়িলে সমাজৰ উন্নতি নহয়। নাৰী-পুৰুষ এটা মুদ্রাৰ ইপিঠি সিপিঠি। বৰপেটা সত্রত মহিলাৰ প্রৱেশক লৈ আৰু মূৰ নঘমাওঁ যদি আই পদ্মপ্রিয়াৰ সত্রখন উদ্ধাৰ হয়।”

৩. আলোচনা আৰু ফলাফল

মূল আলোচনালৈ যোৱাৰ পূৰ্বে অমিয়া মহন্তৰ ‘ৰাধিকা’ উপন্যাসখনৰ কাহিনী তলত সংক্ষেপে উল্লেখ কৰা হ’ল—

৩.১ উপন্যাসখনৰ কাহিনী

উপন্যাসখন আৰম্ভ হৈছে আলিপুখুৰীৰ দক্ষিণে অৱস্থিত কৈৱৰ্ত গাঁও নলছাত বান অহা আৰু সুমথিৰা অর্থাৎ ৰাধিকাই পানীৰ সোঁতক বাধা দিব নোৱাৰিলে বুলি দেউতাকক কৰা প্রশ্নৰ যোগেদি। দেউতাকে পিছদিনা গাঁৱৰ মানুহৰ সৈতে বান্ধ দিলেগৈ আৰু পানীৰ গতি স্থবিৰ হ’ল। সুমথিৰাই এই সকলো কার্য পর্যবেক্ষণ কৰিছিল আৰু সৰুৰে পৰাই বান্ধ দিয়াৰ কৌশল শিকি পেলাইছি। এনেদৰে আৰম্ভণিৰ পৰাই ঔপন্যাসিকে টেঙুৰানী বান্ধৰ লগত কোনো অলৌকিকতা বা সতীৰ প্রসংগ যে জড়িত হৈ থকা নাই, সেই কথা প্রতিষ্ঠাৰ বাবে এটা পৰিৱেশ গঢ় দি লৈছে।

সুমথিৰা ধবজাৰাম আৰু যোগমায়াৰ কন্যা। নৈপৰীয়া মানুহ হিচাপে তেওঁলোক নাও বোৱা, মাছ ধৰা আৰু মাছ বিক্রী কৰা আদিৰ লগত জড়িত। পানীৰ লগত ওচৰ সম্পর্ক থকাৰ বাবে পানীৰ জোখ-মাপ বা বান্ধ দিয়া আদি কথাবোৰত তেওঁলোক অতি দক্ষ। ধবজাই এই কথাবোৰ ককাক আৰু দেউতাকৰ পৰা শিকি লৈছিল। সুমথিৰাই শিকিছিল দেউতাকৰ পৰা। উপন্যাসখনত ধবজাৰ লগত যোগমায়াৰ বিবাহ, সুমথিৰাৰ জন্ম, নৈৰ লগত গঢ় লৈ উঠা সুমথিৰাৰ নিবিড় সম্পর্কৰ কথাবোৰ উপস্থাপন কৰা হৈছে।

নলছা গাঁৱৰ কাষেৰে বৈ যোৱা টেঙুৰানী জানটোৰ লগত গাঁওবাসীৰ এৰাব নোৱাৰা সম্পর্ক— “টেঙুৰানীৰ পাৰে পাৰে বাস কৰা মানুহথিনিৰ বাবে জানটো বুকুৰ কুটুম, অতিকে আপোল।” (মহন্ত ২০১৮: ৭) অৱশ্যে মাজে মাজে বাৰিষাৰ সময়ত টেঙুৰানীয়েদি লুইতৰ পানী গাঁওথনলৈ সোমাই আহি অনিষ্টও কৰে। তথাপিও তেওঁলোকৰ জীৱন-প্রৱাহৰ লগত টেঙুৰানী জান বৈ থাকে। এনে বৰ্ণনা নৰকান্ত বৰুৱাৰ ‘কপিলীপৰীয়া সাধু’ উপন্যাসতো পোৱা যায়। গতিকে নদীভিত্তিক উপন্যাস হিচাপেও ‘ৰাধিকা’ৰ আলোচনা হ’ব পাৰে।

নলছা গাঁৱৰে পূৰ্ণেশ্বৰৰ সৈতে সুমথিৰাৰ বিবাহ হয়। বৈবাহিক জীৱনৰ মাজতেই শংকৰদেৱে নলছাৰ পৰা কিছু দূৰৈত থকা বটদ্রৱা নামৰ ঠাইত নাম-কীৰ্তন আৰম্ভ কৰাৰ কথা তেওঁলোকে গম পায়। এদিন দুয়ো ‘চিহ্নযাত্রা’ৰ অভিনয় চালেগৈ। এই অভিনয় তথা শংকৰদেৱৰ ব্যক্তিত্বই দুয়োকে

আকৰ্ষিত কৰিলে।

টেম্বুৱানী জান ভূঞাচাপৰিৰ মাজেদিও বৈ গৈছে। এবাৰ সেই অঞ্চলটোত টেম্বুৱানীত বান্ধ দি পানী কোনেও ৰোধ কৰিব পৰা নাছিল। শংকৰদেৱে সেয়া এগৰাকী সতী নাৰীৰ দ্বাৰাহে সম্ভৱ হ'ব বুলি কৈছিল। এই কাৰ্য কৰিবলৈ সুমথিৰাই ইচ্ছা প্ৰকাশ কৰিছিল আৰু সম্পাদন কৰিবলৈ সক্ষম হৈছিল। প্ৰকৃততে "সুমথিৰাৰ হাত আৰু মগজুৰ যাদুত টেম্বুৱানী জানৰ অতপালি বন্ধ হ'ল।" (মহন্ত ২০১৮: ৩০)

এই ঘটনাৰ পাছত সুমথিৰা আৰু পূৰ্ণেশ্বৰে শংকৰদেৱৰ ওচৰত শৰণ লয়। শৰণৰ অন্তত শংকৰদেৱে সুমথিৰাক ৰাধিকা আৰু পূৰ্ণেশ্বৰক পূৰ্ণানন্দ নাম দিলে। দুয়ো সত্ৰৰ কাষতে বহা সাজি থাকিবলৈ ল'লে আৰু নিয়মীয়াকৈ বৰদোৱা সত্ৰৰ নাম-প্ৰসংগত অংশ লৈ থাকিল। কিন্তু কছাৰীসকলৰ আক্ৰমণত ভূঞাসকল তথা শংকৰদেৱ বৰদোৱাৰ পৰা যাবলগীয়া হ'ল। তেনে সময়ত তেওঁলোকো নলছালৈ ঘূৰি আহিল আৰু নলছাতে কীৰ্তনঘৰ সাজি নাম-প্ৰসংগৰ ব্যৱস্থা কৰিলে।

উপন্যাসখনৰ মূল কাহিনী এয়াই। অৱশ্যে এই কাহিনীৰ লগত সংগতি ৰাখি কৈৱৰ্তসকলৰ সামাজিক স্থিতি, শংকৰদেৱৰ জীৱন, কছাৰী-ভূঞাৰ সংঘাত, ৰাধিকা-পূৰ্ণানন্দৰ কন্যা কমলাৰ জন্ম, বৰদোৱাৰ পুখুৰীৰ লগত জড়িত ঘটনা, বৰদোৱাৰ লগত জড়িত কিংবদন্তিৰ কথাও পোৱা যায়।

ঔপন্যাসিক অমিয়া মহন্তই ৰাধিকা চৰিত্ৰটোক তথা ৰাধিকাই পলৰ সহায়ত পানী আনি বান্ধ বন্ধা ঘটনাটোক অলৌকিকতাৰ দিশেৰে চোৱা নাই। এগৰাকী 'শান্তি' বা 'সতী' হোৱাৰ বাবেই ৰাধিকা এই কাৰ্যত সফল হৈছিল— তেনেকৈয়ো বিচাৰ কৰা নাই। ঔপন্যাসিকৰ মতে এয়া ৰাধিকাৰ ব্যৱহাৰিক কাৰিকৰী জ্ঞানৰ বাবেহে সম্ভৱ হৈছিল। কিন্তু ৰাধিকাৰ এনে জ্ঞানক পুৰুষপ্ৰধান সমাজখনে স্বীকৃতি নিদিলে— "সকলোৱে সুমথিৰাক সতী শান্তি বুলি কোৱাকুই কৰিলে। তাইৰ কাৰিকৰী জ্ঞানক তল পেলাই সতী গুণেৰে প্ৰলেপ সানিলে। বাস্তৱক উপেক্ষা কৰি অলৌকিকতাক প্ৰশ্ৰয় দিলে।" (মহন্ত ২০১৮: ৩০) ৰাধিকা চৰিত্ৰটোক বাস্তৱ দৃষ্টিৰে চাবলৈ কৰা প্ৰচেষ্টাৰ পৰিণতিতেই উপন্যাসখনৰ জন্ম। এই সম্পৰ্কে মহন্তই উপন্যাসখনৰ পাতনিত স্পষ্টকৈ উল্লেখ কৰি লিখিছে—

"সতী ৰাধিকাৰ জীৱনক লৈ অসমত কেইবাখনো সৰু পুথি প্ৰকাশ পাইছে। সকলোতে একেই কথা। ৰাধিকা সতী আছিল বাবে টেম্বুৱানী জানত বান্ধ দিবলৈ সক্ষম হৈছিল। সঁচানে? সতীনো কি? আজিৰ যুগত সতী নাৰী নাই নেকি? আছে। তেন্তে বান্ধ দিবলৈ অ'ভাৰচিয়েৰ, ইঞ্জিনিয়াৰ কিয় লাগে? সতী নাৰী বিচাৰি উলিয়াই বান্ধ দিব পাৰি।

দৰাচলতে কথাটো অন্য ধৰণে ভাবিব পাৰি। ৰাধিকা যাৰ পিতৃ-মাতৃয়ে দিয়া নাম সুমথিৰা। সুমথিৰাই পিতৃৰ পৰা পাইছিল বান্ধ বন্ধাৰ কাৰিকৰী জ্ঞান। সেই জ্ঞানৰ দ্বাৰা টেম্বুৱানীত বান্ধ দিবলৈ সক্ষম হৈছিল। কিন্তু ষোড়শ শতিকাত বান্ধ দি বানপানী ৰোধ কৰিবলৈ নোৱাৰি সমূহ পুৰুষ সমাজ ব্যৰ্থ হৈছিল। সেই পৰিৱেশ-পৰিস্থিতিত এগৰাকী নাৰীয়ে কাৰিকৰী জ্ঞানৰ জৰিয়তে সমস্যা সমাধান কৰাৰ স্বীকৃতি সেই সময়ৰ পুৰুষ সমাজে নিদিলে। তাৰ পৰিৱৰ্তে ৰাধিকাক সতী আখ্যাৰে তেওঁ কাৰিকৰী জ্ঞানত প্ৰলেপ দিলে। উল্লেখযোগ্য যে বান্ধ বন্ধাৰ উপহাৰস্বৰূপে গুৰুজনাই সুমথিৰাক 'ৰাধিকা' নাম দিছিল।

পুৰণিৰ সেই প্ৰলেপ গুচাই ৰাধিকাৰ প্ৰতিভাক নতুনকৈ চাব খুজি লিখা হৈছে এই উপন্যাস।"

৩.২ উপন্যাসখনত প্ৰকাশিত শংকৰদেৱ বিষয়ক প্ৰসংগ

অমিয়া মহন্তৰ 'ৰাধিকা' উপন্যাসখনত প্ৰকাশিত শংকৰদেৱ বিষয়ক প্ৰসংগক তিনিটা ভাগত ভাগ কৰি তলত আলোচনা কৰা হ'ল—

৩.২.১ শংকৰদেৱৰ সাহিত্যিক-সাংস্কৃতিক কাৰ্যাৱলী

অমিয়া মহন্তৰ 'ৰাধিকা' উপন্যাসখন সতী ৰাধিকাৰ জীৱনকেন্দ্ৰিক যদিও উপন্যাসখনত প্ৰাসংগিকভাৱে শংকৰদেৱৰ সাহিত্যিক আৰু সাংস্কৃতিক কাৰ্যাৱলীৰ আভাস পোৱা যায়। টেম্পুৱানী জানকেন্দ্ৰিক ঘটনাটোৰ পূৰ্বে ৰাধিকা আৰু পূৰ্ণানন্দই বৰদোৱাত শংকৰদেৱৰ দ্বাৰা প্ৰদৰ্শিত চিহ্নযাত্ৰাৰ অভিনয় উপভোগ কৰিছে। অৱশ্যে ইয়াৰ আগতেই শংকৰদেৱৰ সাহিত্যিক-সাংস্কৃতিক কাৰ্যাৱলীৰ আভাস ৰাধিকাই বটদ্ৰৱালৈ যোৱা পূৰ্ণানন্দ আৰু নলছা গাঁৱৰ বিভিন্নজনৰ পৰা লাভ কৰিছে। যেনে—

ক. "নলছাৰ পৰা কিছু দূৰত বটদ্ৰৱা নামৰ ঠাইখনত শংকৰ নামৰ লোক এজনে মানুহক নাম-কীৰ্তন শিকাইছে। অনেক লোক হৰিনাম চৰ্চাত নিমজ্জিত হৈছে। তাত কীৰ্তনঘৰ আৰু দৌলঘৰ সাজি ফাগুন মাহত ফাগু উৎসৱ পাতিছে।" (মহন্ত ২০১৮: ২১-২২)

থ. "পূৰ্ণেশ্বৰ বটদ্ৰৱালৈ গৈছিল। তাৰ পৰা আহিয়ে সি তাত দেখি অহা কীৰ্তনঘৰ আৰু তাৰ তিনিফালে সজোৱা ভকতৰ গৃহৰ কথাও কৈছে। ভকতৰ সংখ্যা বাঢ়ি আহিছে, তাল-খোল বজাই নাম-কীৰ্তন কৰা ধ্বনিয়ে হেনো ঠাইখন ৰম্যভূমিলৈ ৰূপান্তৰ কৰিছে। কীৰ্তনঘৰত আছে দবা, কাঁহ, নাগাৰা, তাল। গধূলি আৰু পুৱা দবা বাজিলে সকলোৱে শুনে, কিবা এক ভাল লগা অনুভূতিৰে হেনো মন ভৰি পৰে।" (মহন্ত ২০১৮: ২২)

বৰ্ণনা আৰু 'চিহ্নযাত্ৰা' নাট চাবলৈ যোৱা এজন ব্যক্তিৰ মুখেৰেও ঔপন্যাসিক অমিয়া মহন্তই নাট প্ৰদৰ্শনৰ ব্যৱস্থা আৰু শংকৰদেৱৰ সাহিত্যিক-সাংস্কৃতিক কাৰ্যাৱলীৰ আভাস দিছে। যেনে—

ক. "সুমথিৰাই মন কৰিলে য'ত নাট দেখুৱাব, তাত এটা ওখকৈ মাটিৰে টিপ সাজিছে। টিপৰ তিনিফালে মানুহবোৰক বহিবলৈ দিছে। ...মহিলাসকলক য'ত বহিবলৈ দিছে তাৰ অলপ কাষতে পুৰুষসকল বহিছে।" (মহন্ত ২০১৮: ২৩)

থ. "শংকৰদেৱ নামৰ এই পুৰুষজনে যিয়ে আজি নাট দেখুৱাব, তেওঁ মহেন্দ্ৰ কন্দলিৰ পঢ়াশালিত ছবছৰ বেদ, জ্যোতিষ, দৰ্শন, কাব্য, স্মৃতি, পুৰাণ, ভাগৱত আৰু ব্যাকৰণ সকলো পঢ়ি শাস্ত্ৰজ্ঞ পণ্ডিত হ'ল। পিচলৈ যোগ সাধনাও কৰিলে। সোতৰ বছৰ বয়সত সাংসাৰিক দায়িত্ব ল'লে যদিও ভাগৱতৰ কৃষ্ণৰ গুণলীলাতহে তেওঁৰ মন নিবিষ্ট থাকে। সেই লীলাসমূহ ভূঞা আৰু অন্যান্যসকলক কৈ কৃষ্ণ কথালৈ আকৰ্ষণ কৰিবলৈ সক্ষম হ'ল। কৃষ্ণৰ গুণ-লীলা শুনি শুনি বিশেষকৈ জয়ন্ত, মাধৱকে আদি কৰি আত্মীয়-কুটুম্ব আৰু কৰ্ণপুৰ, চতুৰ্ভুজ আদি ব্ৰাহ্মণেও বৈকুণ্ঠ লীলা চাবলৈ আকুল হ'ল। জ্ঞাতি-কুটুম্ব আৰু ভকতৰ মনোবাঞ্ছা পূৰণ কৰিবলৈ শ্লোক-গীত, ভটিমা, কথা-সূত্ৰ আদি ৰচনা কৰি চিহ্নৰে বৈকুণ্ঠ দেখুৱাবলৈ মনস্থ কৰিলে। সেই উদ্দেশ্যেৰে কপিলীমুখৰ কুমাৰৰ হতুৱাই খোল গঢ়ালে, ৰহাৰ কঁহাৰৰ হতুৱাই গঢ়ালে তাল। বিভিন্ন ধৰণৰ তাল গঢ়াই ভোৰতাল, পাতিতাল আৰু খুঁটিতাল নাম দিলে। ভূঞাসকলৰ দ্বাৰাই মাটিৰ টিপৰ দৰে এই মঞ্চখন সজালে। ঠাইখিনিৰ আন্ধাৰ আঁতৰাবলৈ আৰিয়া জ্বলাইছে। আৰিয়া জ্বলোৱা বাবে ঠাইখন পোহৰ হৈ পৰিছে, নহয়নে? আৰু সৌ যে ডাঙৰ চাকি এটা দেখিছা, চাকিটোত তিনিডাল শলিতা আৰু তেল দি ওলোমাই দিছে। শলিতা তিনিডাল হেনো দেৱ বা ঈশ্বৰ, নাম আৰু ভকত।" (মহন্ত ২০১৮: ২৩)

এই বৰ্ণনাই শংকৰদেৱে 'চিহ্নযাত্ৰা' নাট বা ভাওনা আৰম্ভ কৰাৰ অন্তৰ্নিহিত কাৰণ আৰু নাট পৰিৱেশনৰ লগত সম্পৰ্কিত ভৌতিক সংস্কৃতিৰ বিভিন্ন দিশবোৰত তেওঁ কোন কোন অঞ্চলৰ শিল্পীক জড়িত কৰিছিল, তাৰ পৰিচয় পোৱা যায়।

কথা-গুৰুচৰিতৰ বৰ্ণনাৰ আধাৰতে ঔপন্যাসিকাই 'চিহ্নযাত্ৰা'ৰ অভিনয়ৰ লগত সম্পৰ্কিত দিশবোৰ উল্লেখ কৰিছে। কথা-গুৰুচৰিতত আছে— "...পচিমে বাহ্ৰ ভূঞ্চা চাপি দল বান্ধি যাত্ৰা পাতিলে, বৈকুণ্ঠৰ পৰা বৰধেমালি, ঘোষাধেমালি তাল মান নমাই গালে ভীমা বায়নে, গুৰুজনে বায়ুমণ্ডলি ৰাগ দিলে। লক্ষ্মণ গায়ন বলাই গায়ন তিমিৰ ৰাগ দিছে। পাতিসোন্দাৰ পাত সৰি গ'ল মেঘমণ্ডলি ৰাগ দিলে, লাগিল পাত। গুৰুজন সাত বৈকুণ্ঠৰ ঈশ্বৰ বহাঙ্গ গায়ন হৈ মেঘমণ্ডল ৰাগ দিছে। পাতিসোন্দা গাছ আছিল, পাত সৰিছে; পূৰ হলত লাগিছে। মেঘ দি বৃষ্টি আনিছে। নদী বিলে থলকি টো উঠিছে।" (লেখাৰু ২০১৫: ২৮-২৯) উপন্যাসখনত ইয়াৰ বৰ্ণনা এনেকৈ দিয়া হৈছে— "পট মেলি ধৰি প্ৰথমতে বৰধেমালি, ঘোষাধেমালি গাই শংকৰদেৱৰ সেতে ভীমা বায়নে বায়ুমণ্ডলী ৰাগ দিলে, অলপ পিচতে লক্ষ্মণ গায়ন, বলাই গায়নে তিমিৰ ৰাগ জুৰিলে। পাতিসোন্দাৰ পাত সৰি গ'ল। তাৰ পিচত মেঘমণ্ডলী ৰাগ গালে, গছত পাত লাগিল। গুৰুজনে মেঘমণ্ডলী ৰাগ জুৰিলত আকাশত মেঘ দেখা গ'ল, চিপিচপৈক বৰষুণো পৰিল। বায়নে বজালে, নটুৱাই নাচিলে, ওজাই সূত্ৰ ধৰিলে। নিশা শেষ হৈ ৰাতি পুৱাল।" (মহন্ত ২০১৮: ২৪) এই বৰ্ণনা সম্পূৰ্ণকৈ কথা-গুৰুচৰিত আধাৰিত।

৩.২.২ শংকৰদেৱৰ সমাজ-সংস্কাৰ আন্দোলন

অমিয়া মহন্তৰ 'ৰাধিকা' উপন্যাসখনত কৈৱৰ্তসকলৰ প্ৰতি থকা ব্ৰাহ্মণ, কায়স্থ আৰু শূদ্ৰ সম্প্ৰদায়ৰ এচাম মানুহৰ নেতিবাচক তথা হীন মনোভাৱৰ বিভিন্ন কথা পোৱা যায়। সেই মানুহখিনিয়ে কৈৱৰ্ত মানুহক "কলপাতত কিবা থাবলে দিলেও পাতখন চুৰাপাতনিৰো দূৰৈত পেলাবলে নিৰ্দেশ দিয়ে যাতে তাৰ পৰা কোনো ঘ্ৰাণ পৰ্যন্ত আহিব নোৱাৰে। কিছুমানে আকৌ কৈৱৰ্ত লোকৰ ছায়াটোকো অস্পৃশ্য জ্ঞান কৰে। মাছ বিকিবলে যোৱাজন যথেষ্ট দূৰত অৱস্থান কৰাটো বাধ্যতামূলক, কাৰণ ছায়া গচকিব পাৰে। আনকি চোতালত মেলি দিয়া ধানত যদি কোনো কৈৱৰ্ত লোকৰ ছায়া পৰে, সেই ধানখিনি পেলনি যায়।" (মহন্ত ২০১৮: ১৮) এনেবোৰ কথা-কাণ্ডত ৰাধিকা ক্ষুব্ধ হয়। শংকৰদেৱৰ ধৰ্মত জাত-পাতকেন্দ্ৰিক কোনো বিভাজন নাছিল। সেয়ে শংকৰদেৱৰ ওচৰত ৰাধিকা আৰু পূৰ্ণানন্দই শৰণ ল'বলে ইচ্ছা প্ৰকাশ কৰোঁতে শংকৰদেৱে কৈছিল— "তোমালোকক শৰণ দিয়া হ'ব। এই ধৰ্মত জাত-কুলৰ তাৰতম্য নাই। সকলোৱে সমভাৱে একেলগে হৰিনাম ল'ব পাৰে।" (মহন্ত ২০১৮: ৩১) ইয়াৰ যোগেদি শংকৰদেৱৰ ধৰ্মীয় আন্দোলনৰ লগত এৰাব নোৱাৰাকৈ সংলগ্ন হৈ থকা সমাজ-সংস্কাৰৰ মনোভাৱ স্পষ্টকৈ প্ৰকাশ পাইছে।

শংকৰদেৱৰ দ্বাৰা প্ৰৱৰ্তিত নৱবৈষ্ণৱ ধৰ্মত নাৰী-পুৰুষ সকলোৱে সমান গুৰুত্ব লাভ কৰিছিল। সেইবাবে তেওঁ ৰাধিকাক শৰণ দিছে। ইয়াৰ যোগেদিও শংকৰদেৱৰ সমাজ-সংস্কাৰ মনোভাৱৰ প্ৰকাশ ঘটিছে। নগেন শইকীয়াৰ মতে টেম্বুৱানী জানকেন্দ্ৰিক কাহিনীটোৰ মাজত এটা সমাজ-সংস্কাৰকেন্দ্ৰিক বাৰ্তা আছে। তেওঁৰ মতে, "...শংকৰদেৱে যে জাত-কুলৰ প্ৰভেদ গুণেৰে নাইকিয়া কৰাৰ বাট কাটি দিছিল সেই সত্যটো ইয়াৰ মাজত নিহিত হৈ আছে। কৈৱৰ্তকুলৰ ৰাধিকা অনেক ব্ৰাহ্মণৰ পত্নীতকৈও যে চৰিত্ৰত নিকা আৰু প্ৰকৃত শান্তি কন্যা আছিল এই তথ্যটি দাঙি ধৰি কুলতকৈ যে চৰিত্ৰ আৰু গুণ ওপৰত সেই কথা দাঙি ধৰা হ'ল। " (শইকীয়া ২০১৬: ৪)

৩.২.৩ কৈৱৰ্ত নাৰী ৰাধিকা তথা কৈৱৰ্ত সমাজত শংকৰদেৱৰ প্ৰভাৱ

টেম্বুৱালী জানত বান্ধ বন্ধা ঘটনাৰ পাছত ৰাধিকাই শংকৰদেৱৰ ওচৰত শৰণ লৈছিল। শৰণৰ অন্তত শংকৰদেৱে সুমথিৰাক 'ৰাধিকা' নাম দিছিল। সুমথিৰাৰ স্বামী পূর্ণেশ্বৰক নাম দিছিল 'পূর্ণানন্দ'। শৰণ লৈ দুয়ো শংকৰদেৱৰ নিত্য সেৱকৰ ভূমিকা পালন কৰিছিল, একান্ত চিত্তেৰে তেওঁৰ দ্বাৰা ৰচিত গীত-পদ শুনিছিল। ৰাধিকা সম্পৰ্কে উপন্যাসখনত এনেকৈ লিখা হৈছে—

"ৰাধিকা কৃষ্ণভক্তা হ'ল।

গুৰুজনাই শিকাই দিয়া দুটা গীত পদৰ দুই-এটা স্তৱক তাই অহৰ্নিশে গুণ-গুণাই থাকে।" (মহন্ত ২০১৮: ৩৩)

সুমথিৰা বা ৰাধিকাৰ জীৱন আৰু কৰ্ম সম্পৰ্কে বিতং তথ্য পাবলে নাই। মাত্ৰ ৰাধিকাৰ লগত জড়িত টেম্বুৱালী জানকেন্দ্রিক ঘটনাটোৰ বৰ্ণনাহে কথা-গুৰুচৰিতত পোৱা যায়। ঔপন্যাসিক অমিয়া মহন্তই সন্ত চৰিত্ৰৰ পৰা ৰাধিকা চৰিত্ৰটো গ্ৰহণ কৰি কল্পনা আৰু লোকশ্ৰুতিৰ লগত সংগতি ৰক্ষা কৰি উপন্যাসখন ৰচনা কৰিছে। উপন্যাসখনত ৰাধিকা চৰিত্ৰটোক মহাপুৰুষীয়া ধৰ্মৰ এগৰাকী প্ৰচাৰক ৰূপেও উপস্থাপন কৰা হৈছে— "বিভিন্ন জ্ঞান, গভীৰ তত্ত্বকথাও ৰাধিকাই আয়ত্ত কৰিলে। অনেক ভকত-বৈষ্ণৱৰ সৈতে তত্ত্বকথা আলোচনা কৰাই নহয়, আন দহজনক সেই ধৰ্মৰ পৰমাৰ্থ তত্ত্বৰ উপদেশ দিবলেকো সক্ষম হ'ল।" (মহন্ত ২০১৮: ৩৩)

ঔপন্যাসিক অমিয়া মহন্তই ৰাধিকাক এগৰাকী স্বকীয় চিন্তাশীল ব্যক্তি হিচাপে অংকন কৰিবলে যত্ন কৰিছে। সেইবাবে শংকৰদেৱে দিয়া 'ৰাধিকা' নামটোক লৈ তাইৰ মনত কিছুমান প্ৰশ্ন জাগিছে। কাৰণ, শংকৰদেৱৰ ৰচনাত ৰাধা বা ৰাধিকা চৰিত্ৰটো পোৱা নাযায়। ৰাধিকাৰ মনত উদয় হোৱা প্ৰশ্নৰ প্ৰসংগ উপন্যাসখনত এনেদৰে আছে—

"...তাইৰ মনলৈ প্ৰশ্ন আহে গুৰুজনাই তাইক সীতা, সাবিত্ৰী, দময়ন্তী আদি নাম নিদি কিয় ৰাধিকা দিলে? শংকৰদেৱে যি ধৰ্ম প্ৰচাৰ কৰিছে, যি গীত-পদ লিখিছে, তাত দেখোন ৰাধিকাৰ নামেই নাই। সুমথিৰাই লিখা-পঢ়া নাজানে, পূৰ্ণেশ্বৰেও নাজানে। কিন্তু গুৰুজনাৰ ওচৰত থাকি যিবোৰ গীত-পদ বা শাস্ত্ৰ শুনিছিল তাত ৰাধাৰ নাম শুনা নাই। ৰাধা যদি বৰ্জনীয়, ৰাধাক স্থান দিলে যদি ধৰ্মৰ ক্ষতি হয়, তেন্তে মোক সতী আখ্যা দি ৰাধিকা নামটো কিয় দিলে— মনে মনে ভাৱে তাই।" (মহন্ত ২০১৮: ৫৬)

কৈৱৰ্ত সমাজত বিভিন্ন দেৱ-দেৱীৰ পূজা প্ৰচলিত আছিল— "ৰাধিকা আৰু পূৰ্ণানন্দ উভয়ৰে পিতৃপুৰুষ বৈষ্ণৱ ধৰ্মৰ নাছিল। দৰাচলতে কৈৱৰ্তকুলৰ লোকসকলে সকলো দেৱ-দেৱীকে মানি চলে। পিতাকৰ মুখত তাই শুনিছিল পূৰ্বতে অনেক কৈৱৰ্ত লোকে বৌদ্ধধৰ্ম গ্ৰহণ কৰিছিল। সেয়ে যোগ সাধনা, তন্ত্ৰ-মন্ত্ৰ এই জাতিৰ অনেক লোকে জানিছিল। তন্ত্ৰ-মন্ত্ৰ এচামৰ জীৱিকা আছিল।" (মহন্ত ২০১৮: ৩৩) কিন্তু শংকৰদেৱৰ ধৰ্মীয় মতাদৰ্শৰ প্ৰভাৱত তেওঁলোকৰ সমাজত নামধৰ্ম প্ৰৱৰ্তিত হ'ল। এই বিষয়ে উপন্যাসখনত এনেকৈ পোৱা যায়— "সকলোৰে নামধৰ্মৰ প্ৰতি প্ৰবল আগ্ৰহ দেখা গ'ল। এনে সহজ-সৰল ঈশ্বৰ প্ৰাপ্তিৰ পথ দেখি প্ৰায় সকলোৱে আগবাটি আহিল। কৃষ্ণনামত আক্ৰান্ত এইচাম ভকতৰ মনৰ পৰা লাহে লাহে অন্য দেৱ-দেৱীৰ চিন্তা কমিবলে ধৰিলে।" (মহন্ত ২০১৮: ৫৯-৬০)

শংকৰদেৱে বৰপেটাত কীৰ্তনঘৰ স্থাপন কৰাৰ লগতে দৌলঘৰ সাজি ফাগুন মাহত দৌল উৎসৱৰ অয়োজন কৰিছিল। এনে পৰম্পৰাৰ প্ৰভাৱ ৰাধিকাই বাস কৰা নলছা গাঁওথনতো

পৰিছিল। তেওঁলোকে সকলোৱে মিলি হৰিনাম চৰ্চাৰ বাবে নলছাত বাঁহ-খেৰ-কাঠেৰে এটি সৰু কীৰ্তনঘৰ সাজি উলিয়াই নাম-প্ৰসংগ আৰম্ভ কৰিছিল— "বৰদোৱাৰ পৰা আহোঁতে সত্ৰত এৰি থৈ যোৱা খোল-তালখিনি পূৰ্ণেশ্বৰে সযতনে লৈ আহিছিল। তাৰ সৎ ব্যৱহাৰ কৰি নাম-প্ৰসংগ আৰম্ভ কৰিলে। কীৰ্তনঘৰটোৰ দায়িত্ব ল'লে ধ্বজা আইতায়ে। তাত বিশেষ কৰ্মত ভাগ লয় পূৰ্ণানন্দ, ৰাধিকা আৰু নলছাৰ অন্য ন-ভকতসকলে।" (মহন্ত ২০১৮: ৫৯)

শংকৰদেৱে আৰম্ভ কৰি থৈ যোৱা দৌল উৎসৱৰ আদৰ্শত নলছা গাঁৱৰ মানুহেও দৌল উৎসৱ আয়োজন কৰাৰ সিদ্ধান্ত লৈছে। এনে সিদ্ধান্তৰ উল্লেখেৰে উপন্যাসখন সামৰি ঔপন্যাসিকাই কৈৱৰ্ত সমাজত শংকৰদেৱৰ প্ৰভাৱ বিস্তাৰ কৰি এখন নতুন সমাজ গঢ়াত প্ৰেৰণাৰ উৎস হিচাপে ক্ৰিয়া কৰাৰ কথা প্ৰকাশ কৰিছে—

"সকলোৱে মিলি কীৰ্তনঘৰৰ বাকৰিত বহি সিদ্ধান্ত ল'লে— এটা সৰুকৈ দৌলগৃহ স্থাপন কৰি এইবাৰ দৌল উৎসৱ উদ্‌যাপন কৰিব লাগিব। শ্ৰীকৃষ্ণৰ লগতে সকলোৱে ফাকু গুড়িৰে ৰঙেৰে ৰঞ্জিত হ'ব। নানা কথাত ভেদাভেদ থাকিলেও কীৰ্তনঘৰৰ বাকৰিত উদ্‌যাপন হোৱা নাম-প্ৰসংগ বা ৰং অনুষ্ঠানেৰে সেয়াও আঁতৰোৱাৰ যেন এয়া নতুন প্ৰয়াস।

এখন সুন্দৰ সমাজৰ ফেহজালি।" (মহন্ত ২০১৮: ৬০)

৪. উপসংহাৰ

৪.১ সিদ্ধান্ত

'অমিয়া মহন্তৰ 'ৰাধিকা' উপন্যাসত শংকৰদেৱ বিষয়ক প্ৰসংগঃ এক বিশ্লেষণ' শীৰ্ষক অধ্যয়নৰ অন্তত আমি তলত দিয়া সিদ্ধান্তসমূহত উপনীত হ'ব পাৰোঁ—

- ৰাধিকাৰ লগত সম্পৰ্কিত টেম্বুৰানী জানকেন্দ্ৰিক ঘটনাটোৰ লগত প্ৰত্যক্ষভাৱে শংকৰদেৱৰ প্ৰসংগ জড়িত হৈ আছে। সেইবাবে উপন্যাসখনত প্ৰাসংগিকভাৱে শংকৰদেৱৰ চৰিত্ৰ উপস্থাপন কৰা হৈছে।

- উপন্যাসখনত শংকৰদেৱৰ সাহিত্যিক-সাংস্কৃতিক কাৰ্যাৱলী, শংকৰদেৱৰ সমাজ-সংস্কাৰ আন্দোলন আৰু কৈৱৰ্ত নাৰী ৰাধিকা তথা কৈৱৰ্ত সমাজত শংকৰদেৱৰ প্ৰভাৱ সম্পৰ্কীয় বৰ্ণনা পোৱা যায়।

- এই সকলো বৰ্ণনা ৰাধিকাৰ জীৱনৰ লগত পৰোক্ষ তথা প্ৰত্যক্ষভাৱে সম্পৰ্কিত। গতিকে এই বৰ্ণনাৰাজি উপন্যাসখনৰ কাহিনীৰ বাবে প্ৰয়োজনীয়। এনে বৰ্ণনাই উপন্যাসখনৰ পঠনীয় গুণ হ্ৰাস কৰা নাই।

- ঔপন্যাসিক অমিয়া মহন্তই প্ৰধানকৈ কথা-গুৰুচৰিতৰ বৰ্ণনাৰ আধাৰত ৰাধিকা চৰিত্ৰটো অংকন কৰিছে। অৱশ্যে পৰম্পৰাগত বৰ্ণনাৰ সলনি ঔপন্যাসিকে নতুন দৃষ্টিৰে চৰিত্ৰটো নিৰ্মাণ কৰিছে।

৪.২ ভৱিষ্যৎ অধ্যয়নৰ সম্ভাৱনীয়তা

এই অধ্যয়নত কেৱল অমিয়া মহন্তৰ 'ৰাধিকা' উপন্যাসত প্ৰকাশিত শংকৰদেৱ বিষয়ক প্ৰসংগৰ বিষয়েহে আলোকপাত কৰা হৈছে। মহন্তৰ এই উপন্যাসখন তথা ৰাধিকাৰ লগত সম্পৰ্কিত বিভিন্ন দিশ ভৱিষ্যতে অধ্যয়ন কৰাৰ অৱকাশ আছে। তলত তেনে ক্ষেত্ৰসমূহ সংক্ষেপে উল্লেখ কৰা হ'ল—

- অমিয়া মহন্তৰ 'ৰাধিকা' (২০১৬) উপন্যাসত কথা-গুৰুচৰিতৰ সমল আৰু মৌলিকতা সম্পৰ্কে অধ্যয়ন কৰিব পাৰি।
- জুৰি শইকীয়াৰ 'ৰাধিকা' (২০১৬) উপন্যাসৰ লগত অমিয়া মহন্তৰ 'ৰাধিকা' উপন্যাসৰ এক তুলনামূলক অধ্যয়ন কৰাৰ অৱকাশ আছে।
- সতী ৰাধিকা দিৱসৰ ইতিহাস আৰু কৈৱৰ্ত সমাজত ইয়াৰ প্ৰাসংগিতাৰ বিষয়ে অধ্যয়ন কৰিব।

■■■

সহায়ক গ্ৰন্থপঞ্জী

বৰা, সুস্মিতা। "একবিংশ শতিকাৰ অসমীয়া জীৱনীমূলক উপন্যাস", জয়ন্ত দত্ত আৰু গীতাশ্ৰী শইকীয়া সম্পাদিত *একবিংশ শতিকাৰ অসমীয়া উপন্যাস*। গুৱাহাটীঃ অসম বুক ট্ৰাষ্ট, ২০২০, পৃ. ১৪৯-১৫৬।

মহন্ত, অমিয়া। *ৰাধিকা*। বৰপেটাঃ জন্ম শতবৰ্ষ উদ্‌যাপন সমিতি, বৰপেটা সাহিত্য সভা, ২০১৮।

লেখাৰু, উপেন্দ্ৰ চন্দ্ৰ (সম্পা.)। *কথা-গুৰুচৰিতা*। গুৱাহাটীঃ শ্ৰীজ্যোতীন্দ্ৰ নাৰায়ণ দত্তবৰুৱা, ২০১৫।

শইকীয়া, জুৰি। *ৰাধিকা*। ডিব্ৰুগড়ঃ বনলতা, ২০১৬।

2

ৰংবং তেৰাঙৰ চুটিগল্পত গোষ্ঠী-সংঘৰ্ষ আৰু কাৰবি লোকসমাজ প্ৰসংগঃ নিৰ্বাচিত গল্পৰ আধাৰত এক পাঠভিত্তিক অধ্যয়ন

সাৰাংশ

সাম্প্ৰতিক সময়ৰ অসমীয়া চুটিগল্পকাৰসকলৰ ভিতৰত ৰংবং তেৰাং অন্যতম। তেওঁৰ গল্পৰ গাঁথনি সৰল। কিন্তু সেই সৰলতাৰ মাজতে আছে তেওঁৰ গল্পৰ মূল আকৰ্ষণ। ৰংবং তেৰাঙৰ প্ৰথম গল্প সংকলন হ'ল 'বন ফৰিঙৰ গীত'। 'লাংছ'লিএতৰ কাকুং' নামৰ আন এখন গল্প পুথিয়ো প্ৰকাশ পাইছে। ৰংবং তেৰাঙৰ চুটিগল্পৰ এটা প্ৰধান বৈশিষ্ট্য হ'ল কাৰবি সমাজ-জীৱনৰ প্ৰতিফলন। কাৰবি সমাজ-জীৱনৰ চিত্ৰই তেওঁৰ গল্পক এক অনন্য মাত্ৰা প্ৰদান কৰিছে। কাৰবি লোকসংস্কৃতিৰ বিভিন্ন দিশ, ধৰ্মান্তৰকৰণৰ কৌশলী জালত শিপা হেৰুওৱা কাৰবি সমাজ, সন্ত্ৰাসবাদ আৰু গোষ্ঠী সংঘৰ্ষত বিধ্বস্ত কাৰবি সমাজ আৰু কাৰবি সমাজলৈ অহা পৰিৱৰ্তনৰ কথা ৰংবং তেৰাঙৰ গল্পত প্ৰধানভাৱে পোৱা যায়।

এই গৱেষণা-পত্ৰত ৰংবং তেৰাঙৰ চুটিগল্পত প্ৰতিফলিত সাম্প্ৰদায়িক-সংঘৰ্ষ তথা গোষ্ঠী-সংঘাতে কাৰবি লোকসমাজত পেলোৱা প্ৰভাৱ সম্পৰ্কে আলোচনা কৰা হৈছে। বিশ্লেষণাত্মক পদ্ধতিৰে প্ৰস্তুত কৰা গৱেষণা-পত্ৰখনৰ পৰিসৰত দুটা গল্প সামৰি লোৱা হৈছে— 'টামহিদিৰ অশ্ৰু' আৰু 'সেই নোদোকা গাহৰিটো। বিষয়টো বিশ্লেষণ কৰোঁতে লেখকৰ সমাজতত্ত্বৰ প্ৰতিও গুৰুত্ব দিয়া হৈছে।

বীজশব্দঃ কাৰ্বি জনগোষ্ঠী, কাৰ্বি লোকসমাজ, গোষ্ঠী-সংঘৰ্ষ, ৰংবং তেৰাং, লেখকৰ সমাজতত্ব।

১. আৰম্ভণি

সাম্প্ৰতিক সময়ৰ অসমীয়া গল্পকাৰসকলৰ ভিতৰত ৰংবং তেৰাং অন্যতম। তেৰাঙৰ গল্প সৱল প্ৰকাশভংগীৰ দিশৰপৰা মনোৰম। সংখ্যাত তাকৰ হ'লেও জনজাতীয় জীৱনভিত্তিক গল্প ৰূপে তেৰাঙৰ গল্পৰ মূল্য আছে। অষ্টম শ্ৰেণীত পঢ়ি থাকোঁতেই 'গুড়ি পৰুৱা' নামেৰে লংকা হাইস্কুলৰ হাতেলিখা আলোচনীত প্ৰকাশ পোৱা চুটিগল্পটোৰেই তেওঁ লেখক জীৱনৰ সূচনা ঘটাইছিল। (বৰুৱা ২০০৯: ৬৯) 'প্ৰেতাত্মা' তেওঁৰ প্ৰথম প্ৰকাশিত গল্প। এই গল্পটো বীৰেন্দ্ৰকুমাৰ ভট্টাচাৰ্য সম্পাদিত 'সাদিনীয়া নৱযুগ'ৰ দ্বিতীয় বছৰ ত্ৰিশ সংখ্যাত প্ৰকাশ পাইছিল। বৰ্তমানলৈকে তেৰাঙৰ দুখন গল্প সংকলন প্ৰকাশ পাইছে— 'বন ফৰিঙৰ গীত' (১৯৯০) আৰু 'লাংছ'লিএতৰ কাঠুং' (২০০৭)। এই দুই সংকলনত অন্তৰ্ভুক্ত হোৱা আৰু নোহোৱা গল্পসমূহৰ একত্ৰ সংকলন বনলতাই প্ৰকাশ কৰি উলিয়াইছে 'গল্প সমগ্ৰ' (২০১২) নামেৰে। ৰংবং তেৰাঙৰ গল্পসমূহৰ পটভূমি প্ৰধানকৈ কাৰ্বি সমাজ আৰু তাৰ লগত জড়িত অন্যান্য দিশ। প্ৰহ্লাদ কুমাৰ বৰুৱাৰ মতে, "পাহাৰীয়া জনজাতিৰ মনৰ খবৰ ল'বলে হ'লে তেৰাঙৰ গল্পমুঠিৰ আশ্ৰয় ল'বই লাগিব।" (বৰুৱা ২০১৫: ৫৫১) তেওঁৰ গল্পত কাৰ্বি লোকসংস্কৃতিৰ অনেক দিশৰ প্ৰতিফলন লক্ষ্য কৰা যায়। ধৰ্মান্তৰকৰণৰ কৌশলী জালত বন্দী কাৰ্বি মানুহ-সমাজৰ চিত্ৰও গল্পকাৰে চিত্ৰিত কৰিছে। সমাজ-জীৱনলৈ আহি পৰা পৰিৱৰ্তনৰ ছবিবোৰৰ প্ৰতিও গল্পকাৰে দৃষ্টি ৰাখিছে। সন্ত্ৰাসবাদ আৰু সাম্প্ৰদায়িক সংঘৰ্ষ তথা গোষ্ঠী-সংঘাতে অশান্ত কৰি তোলা কাৰ্বি পাহাৰৰ থৰুচিত্ৰও তেৰাঙৰ গল্পত পোৱা যায়। সমালোচক অৰিন্দম বৰকটকীয়ে তেৰাঙৰ গল্পৰ বিশেষত্ব সম্পৰ্কে এনেদৰে কৈছে— "...যোৱা দুটা দশকত কাৰ্বি পাহাৰত স্বাধিকাৰৰ দাবীত জন্ম হোৱা বিভিন্ন উগ্ৰপন্থী সংগঠনৰ কৰ্মকাণ্ড তেওঁৰ গল্পত কঠোৰভাৱে সমালোচিত হৈছে। সাহস আৰু আত্মপ্ৰত্যয়েৰে উগ্ৰপন্থাৰ বিৰুদ্ধে থিয় দিয়া এইজন গল্পকাৰৰ ব্যক্তিগত আৰু সামাজিক জীৱনৰ চিত্ৰ ৰূপায়ণ কৰা গল্পসমূহ পিছে সৱল মানৱীয় সংবেদনেৰে সিক্ত। সন্ত্ৰাসবাদে অস্থিৰ আৰু অনিশ্চিত কৰা জনজীৱনৰ লগে লগে ধৰ্মান্তৰকৰণৰ কৌশলী আগ্ৰাসন, যি কাৰ্বি লোক-জীৱনৰ শিপাৰ পৰা এই জনজাতিৰ লোকসকলক আঁতৰাই সাংস্কৃতিকভাৱে সৰ্বস্বান্ত কৰিছে। সেই দিশটোৰ প্ৰতিও সমানেই সংবেদনশীল এইজন গল্পকাৰৰ গল্পত সংস্কৃতিগতভাৱে বিপৰ্যয় হ'লে যে ভূমিপুত্ৰৰ আন একো পৰিচয় থাকিব নোৱাৰে সেই চিন্তাধাৰা স্পষ্ট হৈছে।" (তেৰাং ২০১২: ৮) 'টামহিদিৰ অশ্ৰু' গল্পত কাৰ্বি পাহাৰৰ চাৰিচমত সংঘটিত হোৱা কাৰ্বি-ডিমাচাৰ সংঘৰ্ষই আশ্ৰয়হীনা কৰা টামহিদিৰ কৰুণ কাহিনী বৰ্ণিত হৈছে। 'পাহাৰৰ উচুপনি' নামৰ গল্পটো ৰচিত হৈছে কাৰ্বি পাহাৰৰ মাটিত সন্ত্ৰাস সৃষ্টি কৰা কে এন এল এফৰ আত্ম-সমৰ্পণক লৈ। সন্ত্ৰাসবাদী সংগঠনৰ সদস্যসকলে সমাজৰ দৰিদ্ৰসকলৰ পৰাও ধন দাবী কৰি হাৰাশাস্তি কৰাৰ কথা গল্পটোত পোৱা যায়। 'বিপ্লৱৰ সুৰ' গল্পত লাংৰিৰি গাঁৱৰ পংগু আৰু অতি দৰিদ্ৰ ঠেংকুং ইংতিৰ পৰা বিদ্ৰোহী সংগঠনৰ সদস্যই ধন দাবী কৰাৰ চিত্ৰ আছে। দাবী কৰা ধন ঠেংকুঙে কেতিয়াও দিব নোৱাৰে। সেয়ে সি মৃত্যুহে কামনা কৰিছে— "ৰংবিনৰ ল'ৰাইত আজি আহিব। ফটা চোলাটোকে সাৰথি কৰি ময়ো অপেক্ষা কৰিম। ফটা চোলাৰ ফাঁকেৰে গুলী সৰকে যদি ভালেই হ'ব। এই কোঙা ভৰিৰে মই আৰু জীয়াই থাকিব নিবিচাৰোঁ। অন্ততঃ কংজুক দেৱতাই শুনিব ৰংবিনৰ ডেকাইঁতৰ গুলীৰ শব্দ!" (তেৰাং ২০১২: ১৯৬)

কাৰ্বি-কুকিৰ গোষ্ঠী-সংঘৰ্ষৰ পৰিণতি স্বৰূপে মেকৃ ইংতিপীৰ জীৱনৰ প্ৰতিটো মুহূৰ্ত ভয়ত বন্দী হৈ পৰাৰ কৰুণ কাহিনীৰ প্ৰকাশ ঘটিছে 'সেই নোদোকা গাহৰিটো' নামৰ গল্পটোত। এই অধ্যয়নত ৰংবং তেৰাঙৰ 'টামহিদিৰ অশ্ৰু' আৰু 'সেই নোদোকা গাহৰিটো' নামৰ গল্প দুটাত গোষ্ঠী-সংঘাতৰ বলি হোৱা কাৰ্বি লোকৰ জীৱন কিদৰে উপস্থাপিত হৈছে, সেই সম্পৰ্কে বিচাৰ কৰিবলৈ যত্ন কৰা হৈছে।

কাৰ্বি-আংলং জিলাত বিভিন্ন সময়ত বিভিন্ন গোষ্ঠী-সংঘাত হৈ গৈছে। সন্ত্ৰাসবাদীৰ কাৰ্যকলাপেও (কে এন এল এফ) এটা সময়ত কাৰ্বি পাহাৰ অশান্ত কৰি ৰাখিছিল। চৰকাৰী তথ্য অনুসৰি ২০০৫ চনত সংঘটিত হোৱা কাৰ্বি-ডিমাচাৰ সংঘাতত ১০৬জন লোকৰ মৃত্যু হৈছিল আৰু ১৯জন লোক আহত হৈছিল। অক্টোবৰ, ২০০৩ চনৰ পৰা এপ্ৰিল, ২০০৪ চনৰ সময়ছোৱাত কুকিসকলৰ লগত কাৰ্বিসকলৰ সংঘাত হৈছিল। সেই সংঘাতত ৯৮জন লোক নিহত আৰু ২৮জন লোক আহত হৈছিল। অন্যহাতে ২০১৩ চনৰ ডিচেম্বৰ মাহৰ পৰা ২০১৪ চনৰ জানুৱাৰী মাহৰ ভিতৰত ৰেংমা নগাসকলৰ লগত কাৰ্বিৰ সংঘাত হৈছিল। সেই সংঘাতত ১৬জন লোকৰ প্ৰাণহানি হৈছিল।

১.১ অধ্যয়নৰ উদ্দেশ্য

এই পত্ৰৰ মূল উদ্দেশ্য হৈছে ৰংবং তেৰাঙৰ চুটিগল্পত গোষ্ঠী-সংঘৰ্ষই কাৰ্বি লোকসমাজত পেলোৱা প্ৰভাৱৰ প্ৰসংগ কিদৰে চিত্ৰিত হৈছে, সেই সম্পৰ্কে নিৰ্বাচিত পাঠৰ আধাৰত অনুসন্ধান কৰা।

১.২ অধ্যয়নৰ পদ্ধতি

বিশ্লেষণাত্মক পদ্ধতিৰে গৱেষণা-পত্ৰখন প্ৰস্তুত কৰা হৈছে। আলোচনাৰ পৰিসৰত দুটা গল্প সামৰি লোৱা হৈছে। সেই গল্প দুটা হ'ল— 'টামহিদিৰ অশ্ৰু' আৰু 'সেই নোদোকা গাহৰিটো'। গল্প দুটা আলোচনা কৰি লেখকৰ সমাজতত্ত্ব বিচাৰৰ যত্নও কৰা হৈছে।

২. মূল আলোচনা আৰু ফলাফল

তলত নিৰ্বাচিত গল্প দুটাৰ বিষয়বস্তু আৰু গোষ্ঠী-সংঘাতৰ বলি হোৱা মানুহৰ চিত্ৰ কিদৰে গল্প দুটাত প্ৰকাশিত হৈছে, সেই সম্পৰ্কে বিচাৰ কৰা হ'ল—

২.১ 'টামহিদিৰ অশ্ৰু'

'টামহিদিৰ অশ্ৰু' নামৰ গল্পটোত ডিফু ৰে'ল ষ্টেচনৰ প্ৰতি আকৰ্ষণ থকা কথক এজনৰ মাধ্যমেদি ভ্ৰাতৃঘাতী-সংঘৰ্ষই আশ্ৰয়হীন কৰা টামহিদিৰ জীৱনৰ কাৰুণ্য প্ৰকাশিত হৈছে। সেই কথকজনে ল'ৰালিৰে পৰা ৰে'ল চাই ভাল পায়। ৰে'ল এখন ষ্টেচনলৈ অহা আৰু যোৱাৰ দৃশ্যই কথকক এক নান্দনিক কাব্যৰ শেষ নোহোৱা মানসিক সন্তুষ্টি প্ৰদান কৰে। পাহাৰ ফালি যাত্ৰাপথেৰে প্লেটফৰ্মলৈ সোমাই অহা ৰে'লকেইখনৰ মন্থৰ গতিত তেওঁ বিচাৰি পায় উজুটি নোখোৱা কেৰেলুৰা গতিৰ মসৃণতা। সেইদৰে ষ্টেচন এৰি উজনিলে গতি কৰা ৰে'লবোৰ পাহাৰৰ বুকুত হেৰাই যোৱাৰ অপৰূপ দৃশ্যত বিচাৰি পায় প্ৰত্যাৱৰ্তন গতিৰ কৰুণতা। কথকক কিন্তু ডিফুৰ ৰে'ল ষ্টেচনটোৱে সদায় চিন্তা আৰু আনন্দৰ অৱকাশ দি নাথাকিল। ৰে'ল ষ্টেচনত লগ পোৱা চাৰিচমৰ টামহিদিৰ জীৱনৰ কাৰুণ্যই কথকক পাহৰিব নোৱাৰা যন্ত্ৰণা দিলে। টামহিদি কাৰ্বি-ডিমাচাৰ সংঘাতৰ পৰিণতিত নিঠৰুৱা হৈছিল। স্বামী আৰু একমাত্ৰ পুত্ৰ আৰু আপোন ঘৰখন হেৰুৱাই টামহিদি আশ্ৰয়হীনা হৈ পৰিছিল। আশ্ৰয় আৰু আপোন মানুহ বিচাৰি তাই ডিফু ৰে'ল ষ্টেচন ওলাইছিলগৈ। তাতেই তাই কথকক লগ পাইছিল। কথকক একে কাৰ্বি সম্প্ৰদায়ৰ

বুলি জানি তাই অলপ আপোনস্ব অনুভৱ কৰিছিল আৰু নিজৰ জীৱনৰ কৰুণ অধ্যায় কথকৰ সন্মুখত তুলি ধৰিছিল। এই প্ৰসংগটোৰে গোষ্ঠী-সংঘাতৰ পৰিণতিয়ে জন্ম দিয়া অন্য সম্প্ৰদায়ৰ (কাৰবিবিভিন্ন সম্প্ৰদায়) প্ৰতি অবিশ্বাসৰ কথা প্ৰকাশ কৰিছে।

কথকে টামহিদিৰ জীৱনৰ কৰুণতাৰ উমান পাই তাইক নিজৰ ঘৰলৈ লৈ আনিছিল। কিন্তু কথকৰ সহধৰ্মিনীয়ে টামহিদিক তেওঁলোকৰ ঘৰত ৰখাটো ভাল পোৱা নাছিল। পৰিণতি স্বৰূপে টামহিদিয়ে কথকৰ ঘৰত এবছৰো থাকিব নোৱাৰিলে। মানুহৰ প্ৰতি আস্থা হেৰুৱাই পেলোৱা টামহিদিয়ে মানুহৰ প্ৰতি আস্থা ৰাখিবলৈ আৰম্ভ কৰোঁতেই সেয়া পুনৰ নিঃশেষ হৈ গ'ল। পুনৰ আশ্ৰয়হীনা হৈ পৰা টামহিদিয়ে পৰিস্থিতিৰ পাকচক্ৰত পৰি পতিতা বৃত্তি গ্ৰহণ কৰিবলগীয়া হ'ল। এই সম্পৰ্কে গল্পকাৰে অৱশ্যে বিশদ বিৱৰণ দাঙি ধৰা নাই। ডিফু ষ্টেচনৰ লোডিং য়াৰ্ডৰ ওচৰৰ জুপুৰি এটা তাইৰ আশ্ৰয়স্থল হ'ল। এদিন পুনৰ কথক টামহিদিৰ মুখামুখি হ'ল। সেইদিনা তেওঁ টামহিদিৰ জীৱনৰ দুখৰ অন্য এটা অধ্যায়ৰ বাতৰি পালে— "সময়ে, সমাজে, অৱস্থাই আৰু লগতে পুৰুষৰ কামনাই" (তেৰাং ২০১২: ১১৫) টামহিদিক পতিতা কৰি তুলিলে। সেই টামহিদিয়ে এদিন ৰে'লৰ সন্মুখত জাঁপ দি চিৰদিনৰ বাবে হেৰাই গ'ল। টামহিদিয়ে কথকৰ পৰা তাইৰ মৃত্যুৰ সময়ত এপাহ 'টামহিদি' ফুল বিচাৰিছিল। কিন্তু কথকে টামহিদিৰ শেষ ইচ্ছা পূৰণ কৰিব নোৱাৰিলে।

এইদৰে ৰংবং তেৰাঙৰ 'টামহিদিৰ অশ্ৰু' নামৰ গল্পটোত কাৰবি-ডিমাচাৰ ভ্ৰাতৃঘাটী সংঘাতে নিঠৰুৱা কৰা টামহিদিয়ে আশ্ৰয় পোৱাৰ কথা আৰু শেষত পুনৰ আশ্ৰয়হীনা হৈ কৰুণ মৃত্যুক আঁকোৱালি লোৱাৰ কথা প্ৰকাশ পাইছে। গল্পটোত মানুহৰ সংকীৰ্ণতা আৰু নিষ্ঠুৰতাৰ কথা বিশেষভাৱে ব্যক্ত হৈছে। কথকে গোষ্ঠী-সংঘাতে ভাঙি পেলোৱা টামহিদিক পুনৰ প্ৰাণময় কৰি তুলিবলৈ যত্ন কৰিছিল যদিও সহধৰ্মিনীৰ বাবে সেয়া সম্ভৱ হৈ নুঠিলেগৈ। আশ্ৰয়হীনা হৈ পৰা টামহিদি পুৰুষৰ কামনাৰ বলি হ'ল আৰু নিজৰ ইচ্ছাৰ অবিহনে পতিতা বৃত্তিত জড়িত হ'ব লগা হ'ল। জীৱনৰ এনে যন্ত্ৰণাবোৰৰ পৰা মুক্তি বিচাৰিয়েই হয়তো টামহিদিয়ে ৰে'লৰ আগত পৰি আত্মহত্যা কৰিলে। কথকৰ আশ্ৰয়তে থকা হ'লে টামহিদিৰ তেনে পৰিণতি নিশ্চয় নহ'লহেঁতেন। গল্পটোৰ পৰিণতিলৈ লক্ষ্য কৰিলে দেখা যায় যে, মানৱীয়তাৰ পৰিৱৰ্তে অমানৱীয়তাৰহে জয় হৈছে। টামহিদিৰ মৃত্যুৱে মানৱীয়তাৰ সেই স্খলনক যেন উপহাস কৰি থৈ গ'ল। কথকে টামহিদিক প্ৰদান কৰা আশ্ৰয়ে মানৱীয়তাৰে পৰিপূৰ্ণ পৃথিৱীৰ সপোন এটা আৰম্ভ কৰিছিল যদিও শেষত সেয়া বাস্তৱত পৰিণত নহ'লগৈ। সমাজত আশ্ৰয়হীনা তথা নিসংগ নাৰীৰ নিৰাপত্তাহীনতাৰ কথা এটাও গল্পটোৰ মাজত ব্যক্ত হৈছে।

"তেৰাঙৰ গল্পত মানুহৰ জীৱনৰ প্ৰতি এক গভীৰ দৰদী দৃষ্টি লক্ষ্য কৰা যায় আৰু সেই দৰদী দৃষ্টিভংগীটোৰে পাঠক মনত মানুহৰ প্ৰতি এক সৌহাৰ্দ্যপূৰ্ণ অনুভূতি এটা জগাই তোলে।" (বৰুৱা ২০১৫: ৫৫২) সমালোচক বৰুৱাৰ এই মন্তব্যৰ প্ৰতিফলন 'টামহিদিৰ অশ্ৰু' গল্পৰ মাজত লক্ষ্য কৰা যায়। 'টামহিদিৰ অশ্ৰু' গল্পত কথকে টামহিদিক আশ্ৰয় প্ৰদান কৰিছিল আৰু শাৰীৰিক-মানসিকভাৱে বিধৱস্ত টামহিদিক অহিংসাৰ বাণীৰে সুস্থ কৰি তুলিবলৈ যত্ন কৰিছিল— "ডিফু চহৰৰ ৰংথেআঙত থকা মোৰ ঘৰলৈ লৈ আহোঁতে পথৰ সোঁমাজত উজলি থকা কাৰবি সংস্কৃতিৰ হৰবং আৰু গান্ধী পাৰ্কৰ মহাত্মা গান্ধীৰ মূৰ্তিটো দেখুৱাই বুজাইছিলোঁ, অহিংসা বাণী প্ৰচাৰ কৰা বিশ্বমানৱগৰাকীৰ কথাৰে। এই কথাকো কৈছিলোঁ যে হিংসাক ভাল নোপোৱা মানুহজনকো মানুহে গুলীয়াই হত্যা কৰিছিল। ডিফু ষ্টেডিয়াম চাৰিআলিত থকা ৰংফাৰপী ৰংবে'ৰ প্ৰতিমূৰ্তি দেখুৱাই

মানৱ নিৰ্যাতনৰ কথাবোৰ তাইক বুজাইছিলোঁ, আস্থাহীন হৈ পৰা টামহিদিৰ মনলৈ আস্থা ঘূৰাই অনাৰ আশাৰে।" (তেৰাং ২০১২: ১১৩)

২.২ 'সেই নোদোকা গাহৰিটো'

কাৰবি-কুকিৰ গোষ্ঠী-সংঘাতে লাংমিলি নামৰ কাৰবি গাঁও এখনৰ লোকসকলক কিদৰে আতংকৰ মাজত ডুবাই ৰাখিছিল, তাৰ বৰ্ণনা আছে 'সেই নোদোকা গাহৰিটো' শীৰ্ষক গল্পত। যুদ্ধ অথবা সংঘৰ্ষই শিশু আৰু নাৰীৰ জীৱন অধিক দুৰ্বিষহ কৰি তোলে। ডিফু বজাৰত কুকিৰ ৰণ আকৌ হ'ব বুলি শুনি লাংমিলি গাঁৱৰ তিৰোতাসকল আতংকিত হোৱাৰ কাহিনী গল্পটোত প্ৰথমেই আছে। গল্পটোত আছে—

ডিফু বজাৰত শুনি অহা বাতৰিটোৱে লাংমিলি গাঁওখনৰ তিৰোতা মানুহৰ কাণবোৰ খিয় কৰালে। সকলোৰে মন সন্ত্ৰাসৰ ভাবে ধূসৰিত কৰি তুলিলে। আতংকগ্ৰস্ত হৈ তিৰোতাবোৰে প্ৰশ্ন কৰিব ধৰিলে— 'আকৌ সেই দিন আহিল নেকি নং?' (তেৰাং ২০১২: ৯৪)

কাৰবিৰ লগত কুকিৰ ৰণ দহ বছৰৰ পূৰ্বেই হৈছিল। এইবাৰৰ ঘটনাটো কুকি উগ্ৰপন্থীয়ে ফৰেষ্টৰ চাহাবক অপহৰণ কৰি নিয়াৰহে ঘটনা। কিন্তু লাংমিলি গাঁৱৰ মানুহখিনিৰ কুকিৰ নাম শুনিয়েই দহ বছৰৰ আগৰ ঘটনালৈ মনত পৰে। সংঘাত-সংঘৰ্ষই জীৱনৰ গতিক কিদৰে গভীৰভাৱে প্ৰভাৱিত কৰে, ইয়াৰ যোগেদি তাৰেই প্ৰকাশ ঘটিছে।

'লাংমিলি' লাংমিলি জুৰিৰ পাৰত নৈকে গঢ়ি উঠা এখন কাৰবি গাঁও আছিল। মেকৃ ইংতিপীৰ স্বামী কাংথেৰ তেৰাং আৰু অন্যসকলে গাঁওখন ধুনীয়া কৰি তুলিবলে যত্ন কৰিছিল। কাংথেৰ তেৰাং আৰু মেকৃ ইংতিপী ডিছ'বাইৰ লোক আছিল। অন্য অঞ্চলৰ লোকো তালে উঠি আহিছিল। লাংমিলি জুৰিৰ উৰ্বৰা মাটিৰ পৰশত গাঁওখন অতি কম সময়তে ঠন ধৰি উঠিছিল। গাঁওখনৰ শ্ৰীবৃদ্ধিৰ বাবে কাংথেৰে চ'জুন পূজা পাতিবলে মন মেলিছিল। পূজাৰ বাবে প্ৰয়োজনীয় কুকুৰা, গাহৰি আৰু হৰলাং-হৰপ' যোগাৰৰ দায়িত্ব মেকৃৰ ওপৰত অৰ্পণ কৰা হৈছিল। তাই মাকৰ ঘৰৰ পৰা গাহৰি পোৱালি এটা আনি ডাঙৰ কৰিছিল। এটা বছৰ নহওঁতেই চ'জুনৰ গাহৰিটো গাঁওখনৰ মানুহৰ চকুত লগা হৈ পৰিছিল— "গাঁৱৰ তিৰোতাবোৰে প্ৰশংসা কৰিবলে ধৰিলে— চ'জুন পূজাৰ গাহৰি এনেকুৱাই হ'ব লাগে। চ'জুন দেৱতাই গাহৰিটোক আপোন কৰি লেছে দেই। ভাল চকুৰে চাবি।" (তেৰাং ২০১২: ৯৬)

কিন্তু চ'জুন পূজাৰ সেই আয়োজন কুকিৰ আক্ৰমণত নিমিষতে নিঃশেষ হৈ গৈছিল। সিংহাসন, খনবামন, দিলাই পৰ্বতত জ্বলি উঠা সংঘৰ্ষৰ জুয়ে লাংমিলি গাঁওখনকো ধ্বংসস্তূপত পৰিণত কৰিছিল। দুৰ্বৃত্তৰ দলে চ'জুন দেৱতাৰ বাবে আগ কৰা গাহৰিটোকো মাৰি পেলাইছিল— "ঘৰ জ্বলোৱাৰ লগতে চ'জুন দেৱতাৰ গাহৰিটোক মাৰি নিয়াৰ দৃশ্যই আজিও মোৰ অন্ঠ-কন্ঠ শুকুৱাই নিয়ে, বুইছ।" (তেৰাং ২০১২: ৯৭) ফৰেষ্টৰ চাহাবক কুকিয়ে অপহৰণ কৰাৰ কথা শুনি মেকৃৰ মনটোক সেই বেয়া দিনৰ স্মৃতিবোৰে আমনি কৰিছিল। ফাগুনী বতাহত ঠনৱেক ভাঙি পৰা শুকান ডালৰ শব্দ শুনি কোনোবা দুৰ্বৃত্ত আহিল ভাবি তাই ভয় খাই উঠিছিল— "বলি থকা ফাগুনী বতাহজাকে ঠনৱেক শুকান ডাল এটা ভাঙি বাৰীৰ চুকত পেলাই দিলে। শব্দটো শুনি মেকৃয়ে ভয় খাই উঠিল, জানোচা কোনোবা দুৰ্বৃত্ত আহিল, এই ভাবি। " (তেৰাং ২০১২: ৯৬) এইদৰে 'সেই নোদোকা গাহৰিটো' শীৰ্ষক গল্পত কাৰবি-কুকিৰ সংঘাতৰ স্মৃতি আৰু সংঘাতে জীৱনৰ স্বাভাৱিক ছন্দলে পতন অনাৰ চিত্ৰ অংকিত হৈছে। গল্পটোত কাৰবি-কুকিৰ সংঘাতৰ স্মৃতিবোৰ এনেদৰে বৰ্ণিত হৈছে— "সকলো আয়োজন নিমিষতে শেষ হৈ গৈছিল, কাংথেৰ তেৰাং

গাঁৱত। সিংহাসন, থনবামন, দিলাই পৰ্বতত জ্বলি উঠা গোষ্ঠী সংঘৰ্ষৰ জুয়ে লাংমিলি গাঁওথনকো ধ্বংসস্তূপত পৰিণত কৰিছিল, পুৰতি নিশাটোত। এফালে বন্দুকৰ গুলীৰ অবিৰত শব্দ আৰু আনফালে এটা-দুটাকৈ মানুহৰ ঘৰবোৰ জ্বলি উঠা নিকৰুণ দৃশ্যই লাংমিলি উপত্যকাত মৃত্যুৰ বিভীষিকা নমাই আনিছিল, সেই দিনটোত। আতংকত গাঁৱৰ মানুহবোৰে পলায়ন কৰিছিল, প্ৰাণৰ ভয়ত। লংকিৰিক কোঁচত লৈ মেকুয়ে পেঁপুৰা লাগি, নিথৰ হৈ চাই ৰৈছিল সেই নিৰ্মম দৃশ্যলৈ।" (তেৰাং ২০১২: ৯৭)

কাৰবি-কুকিৰ সংঘাতে দহ বছৰ অতিক্ৰম কৰাৰ পাছতো লাংমিলি গাঁৱৰ মানুহৰ মন-মগজুৰ পৰা আতংক দূৰ হোৱা নাছিল। এক ট্ৰামাৰ মাজত বাস কৰি আছিল গাঁওথনৰ মানুহখিনি। সেইবাবে চৰাইৰ মাত অথবা শুকান ডাল ভাঙি পৰা শব্দতেই মেকু আতংকিত হৈছে—

(ক) "কাষৰ বনাঞ্চলৰ পৰা ভাঁহি অহা বেংটাৰলক চৰাইৰ অবিৰাম মাতে মেকুৰ মনটোক আৰু গধুৰ কৰি তুলিব ধৰিলে।" (তেৰাং ২০১২: ৯৫)

(খ) "বলি থকা ফাগুনী বতাহজাকে ঠনৰৈক শুকান ডাল এটা ভাঙি বাৰীৰ চুকত পেলাই দিলে। শব্দটো শুনি মেকুয়ে ভয় খাই উঠিল, জানোচা কোনোবা দুৰ্বৃত্ত আহিল, এই ভাবি।" (তেৰাং ২০১২: ৯৬)

সংঘাত-সংঘৰ্ষই সমাজ একোখনৰ বিকাশত বাধাৰ সৃষ্টি কৰে। কাংথেৰইঁতৰ গাঁওথনো তেনে এখন গাঁও। কুকিৰ লগত হোৱা সংঘাতৰ সময়ত লাংমিলি গাঁৱৰ স্কুলখন ধ্বংস হৈ গৈছিল। পুনৰ স্কুল নিৰ্মাণ, পঢ়াৰ পৰিৱেশ গঠনৰ বাবে এক দীঘলীয়া সময়ৰ প্ৰয়োজন হৈছিল। স্বাভাৱিক জীৱন এটা ধীৰে ধীৰে আৰম্ভ হোৱাৰ সময়তেই কিন্তু আকৌ বিপদৰ আশংকাই দেখা দিছিল। গল্পটোত তাৰ বৰ্ণনা এনেদৰে আছে— "নঙলামুখত থিয় দি মেকুয়ে একাগ্ৰমনে চাব ধৰিলে, তাহাঁতৰ গাঁৱৰ কণ কণ ল'ৰা-ছোৱালীবোৰ স্কুললৈ যোৱাৰ অপূৰ্ব দৃশ্যটো। গাঁৱৰ ল'ৰা-ছোৱালীবোৰৰ মাজত লংকিৰি আৰু ছেৰিলনক দেখি তাইৰ মাতৃ হৃদয় আনন্দত নাচি উঠিল আৰু হঠাতে তাইৰ চকু দুটাৰ পৰা নামি আহিল তপত অশ্ৰু।" (তেৰাং ২০১২: ৯৫)

গল্পটোত উল্লেখ থকা কাৰবি-কুকিৰ সংঘাত দহ বছৰৰ পূৰ্বেই সংঘটিত হোৱা ঘটনা। কিন্তু দহ বছৰৰ আগৰ হ'লেও সেই সংঘাতৰ স্মৃতি সকলোৰে মন আতংকগ্ৰস্ত কৰিব পৰাকৈ প্ৰভাৱশালী। প্ৰকৃতে গোটেই গল্পটোৰ সাৰবস্তু দহ বছৰৰ আগৰ সেই সংঘৰ্ষই পৰিচালিত কৰিছে।

আলোচ্য দুয়োটা গল্পৰ মাজেদি গল্পকাৰ ৰংবং তেৰাঙৰ জীৱন আৰু দৰ্শন বিষয়ক দৃষ্টিভংগী প্ৰকাশ পাইছে। গল্প দুটাৰ পটভূমিত ২০০৫ চনৰ কাৰবি-ডিমাচা আৰু ২০০৩-২০০৪ চনৰ কাৰবি-কুকিৰ সংঘৰ্ষ বিশেষভাৱে সক্ৰিয়। কাহিনী ক'বলৈ যাওঁতে লেখকে নিজৰ জীৱনত লাভ কৰা বাস্তৱ অভিজ্ঞতাৰ সহায় লৈছে। প্ৰকৃতে "লেখক স্বতন্ত্ৰ যদিও তেওঁ সমাজৰে এজন ব্যক্তি। তেওঁৰ অভিজ্ঞতা আৰু মানসিকতাকে ভিত্তি কৰি সাহিত্যৰ নিৰ্মিতি ঘটে। সামাজিক প্ৰাণী হিচাপে লেখকে বিচৰণ কৰা সমাজখনৰ পৰা আহৰিত বিভিন্ন উপাদানেৰে সাহিত্যৰ ৰূপ আৰু শৈলী আহৰণ কৰে। সামাজিক পৰিঘটনাসমূহৰ পৰা লেখক বিচ্ছিন্ন হৈ নাথাকে বা থাকিব নোৱাৰে।" (শইকীয়া ২০১৯: ৩৭) তেৰাঙে 'জাক হেৰোৱা পখী' (২০০৫) উপন্যাসখনতো কাৰবি-কুকিৰ সংঘৰ্ষক পটভূমি ৰূপে গ্ৰহণ কৰিছে। অঞ্চলটোত সংঘটিত বিভিন্ন গোষ্ঠী-সংঘাত বা উগ্ৰপন্থীৰ কাৰ্য-কলাপে লেখকৰ সৃজনী সত্তাক প্ৰভাৱিত কৰিছে। এই কথাটো তেওঁ কেইবাটাও সাক্ষাৎকাৰত

উল্লেখ কৰিছে। এটা সাক্ষাৎকাৰত জিলাখনৰ সাম্প্রতিক পৰিস্থিতিয়ে তেওঁৰ সৃজনী সত্তাক বেয়াকৈ আঘাত কৰাৰ বাবে তেওঁ বিচৰাৰ দৰে 'জাক হেৰোৱা পখী' উপন্যাসখন ঠিক কৰিব নোৱাৰাৰ কথা উল্লেখ কৰিছে। (বৰুৱা ২০০৯: 44) লগতে তেওঁ কৈছিল যে, "উপন্যাসখনৰ মাজেৰে মই বন্দুকৰ চকুৰে চোৱাতকৈ মানুহক মানুহৰ চকুৰে চোৱাৰ ওপৰত গুৰুত্ব আৰোপ কৰিছোঁ আৰু ইয়েই মোৰ জীৱন দৰ্শন।" (বৰুৱা ২০০৯: 44) লেখকৰ এনে দৰ্শন সংঘাত-সংঘৰ্ষৰ প্রসংগযুক্ত প্রায়বোৰ সৃষ্টিতেই প্রতিফলিত হৈছে। 'সেই নোদোকা গাহৰিটো' গল্পত সন্ত্রাস-ভয়ৰ মাজত জীয়াই থকা মানুহখিনিৰ মাজত থকা আশাবোধৰ যি উল্লেখ আছে, সেয়া প্রকৃততে গল্পকাৰৰ জীৱন দৰ্শনৰেই প্রতিফলন— "লাংমিলি জুৰিটোৰ পানীৰ দৰেই গাঁওথনৰ মানুহবোৰৰ মনবোৰো সন্ত্রাসৰ পৰা মুক্তি পাই কৃষক জীৱনটোক গতিশীল কৰিবলে প্রেৰণা লাভ কৰিলে, কাষৰ ডিমাচা গাঁওথনৰ সহজ-সৰল মানুহখিনিৰ সহযোগত। লাংমিলিত আকৌ বাজি উঠিল কাৰবি ছেং, পংছিৰ সুৰ। লগতে ডিমাচাৰ খ্রাম, মুৰিৰ ছন্দ।" (তেৰাং ২০১২: ৯৫)

২০০৫ চনৰ শেষৰ ফালে সংঘটিত কাৰবি-ডিমাচা সংঘৰ্ষ বন্ধ কৰিবলে আহ্বান জনাই তেওঁ কৈছিল— "...মোৰ মৰমৰ কাৰবি আংলংথনত আজি এইবোৰ কি ঘটিছে। মই মৰ্মাহত হৈছোঁ। চকুৰ আগতেই হিংসা-সন্ত্রাস আৰু হত্যা দেখিব লগা হৈছে। মানুহ ইমান হিংস্র হ'ব পাৰে বুলি মই ভাবিবকে নোৱাৰোঁ। মই নতুনকৈ লিখিবলে লোৱা উপন্যাসখনত এইকেইদিন আঁক এটাকে মাৰিব পৰা নাই। ...জীৱনত বহু বছৰ শিক্ষকতা কৰিলোঁ। কিন্তু এতিয়া ভাব হৈছে তেওঁলোকক ভাল শিক্ষা দিব নোৱাৰিলোঁ নেকি! ভাল শিক্ষা পোৱা হ'লে তেওঁলোকে নিশ্চয় হাতত অস্ত্র তুলি নল'লেহেঁতেন। কাৰবিয়েই হওক ডিমাচাই হওক, সৰ্বসাধাৰণ থাটি থোৱা মানুহখিনিহে আজি আক্রোশৰ বলি হ'ব লগা হৈছে। ...কাৰবি বা ডিমাচা সৰ্বসাধাৰণ ৰাইজ কোনো এই সংঘৰ্ষৰ সৈতে জড়িত নহয়। দুয়ো পক্ষৰ অস্ত্রধাৰী যুৱকসকলেহে এই অমানুষিক কাৰ্যবোৰ অব্যাহত ৰাখিছে। মানুহৰ শান্তি বিচৰা মোৰ এই মনটোৱে আজি কেনেদৰে নৰহত্যাৰ দৰে জঘন্য কাওবোৰ সহ্য কৰিব লগা হৈছে, মই আৰু সহ্য কৰিব নোৱাৰা হৈছোঁ। ...উত্তৰ কাছাৰ আৰু কাৰবি আংলঙৰ হিংসাত্মক ঘটনাৱলীয়ে আমাৰ সাতামপুৰুষীয়া ঐক্য আৰু সংহতি কেতিয়াও ছিঙিব নোৱাৰে। এই সম্পৰ্ক আমি পুনৰ জীয়াই তুলি ভ্রাতৃত্ববোধেৰে পৰস্পৰক আঁকোৱালি ল'ম।" (বৰুৱা ২০০৯: ৪৩-৪৪)

লেখকৰ সমাজতাত্ত্বিক অধ্যয়নে সামৰা বিভিন্ন দিশসমূহ নীৰাজনা মহন্ত বেজবৰাই এনেদৰে দেখুৱাইছে—

১. লেখকে বাস কৰা সমাজখনৰ আৰ্থিক-সামাজিক, মনোবৈজ্ঞানিক, সাংস্কৃতিক অৱস্থা আৰু পৃষ্ঠভূমি।

২. তেওঁৰ নিজৰ সম্প্রদায়ৰ সামাজিক স্থিতি।

৩. তেওঁৰ প্রেৰক, পৃষ্ঠপোষক, শিক্ষক, অন্য দিগ্‌দৰ্শক।

৪. তেওঁৰ সাহিত্যিক পৰম্পৰা।

৫. তেওঁৰ ব্যক্তিগত জীৱনবোধ, জীৱন আৰু জগত সম্পৰ্কে দৃষ্টিভংগী।

৬. তেওঁৰ ব্যক্তিগত মনস্তাত্ত্বিক অৱস্থা।

৭. যিবিলাক পাঠকক উদ্দেশ্য কৰি লেখকে লিখিছে, তেওঁলোকৰ সম্পৰ্কত তেওঁৰ নিজৰ মতামত।

৮. প্রকাশকৰ লগত তেওঁৰ সম্বন্ধ।

৯. তেওঁৰ ৰাজনৈতিক মতবাদ বা কোনো মতবাদৰ প্রতি সমর্থন।

১০. পৰিৱর্তন বা নতুন পৰিৱেশৰ লগত লেখকৰ খাপ খাব পৰা গুণ। (বেজবৰা: ৪৮-৪৯)

আলোচ্য গল্প দুটা অধ্যয়ন কৰি লেখকে বাস কৰা সমাজখনৰ সামাজিক আৰু সাংস্কৃতিক অৱস্থা আৰু পৃষ্ঠভূমি অনুধাৱন কৰিব পাৰি। লগতে তেওঁ প্রতিনিধিত্ব কৰা কার্বি সম্প্রদায়ৰ সামাজিক স্থিতিক গোষ্ঠী-সংঘর্ষই কিদৰে প্রভাৱিত কৰিছে, তাকো উপলব্ধি কৰিব পাৰি। গল্পকাৰৰ ব্যক্তিগত জীৱনবোধ আৰু তেওঁৰ জীৱন বিষয়ক দৃষ্টিভংগীৰ উপস্থিতিও গল্প দুটাত পোৱা যায়। গল্পকাৰৰ ব্যক্তিত্ব অধ্যয়নত দুয়োটা গল্পই সমলৰ যোগান ধৰিব পাৰে।

৩. উপসংহাৰ

দুয়োটা গল্পৰ আলোচনাৰ অন্তত ক'ব পাৰি যে, গল্পকাৰ ৰংবং তেৰাঙে গোষ্ঠী-সংঘাতৰ কাৰণ অনুসন্ধানৰ যত্ন কৰা নাই আৰু সংঘাত দূৰীকৰণৰ কোনো পথো নির্দেশ কৰা নাই। কিন্তু সংঘাতত বিধ্বস্ত মানৱ জীৱনৰ একোটি খণ্ডিত চিত্র চিত্রিত কৰাৰ প্রতি মনোযোগ দিছে। সংঘাতপূর্ণ সময় এছোৱাৰ স্বৰূপ আৰু লগতে গোষ্ঠী-সংঘাতে ব্যক্তি সত্তা আৰু সমষ্টি সত্তাৰ ওপৰত পেলোৱা ট্রমাজনিত প্রভাৱ উপলব্ধি কৰাত দুয়োটা গল্পৰ বিষয়বস্তু সহায়ক হৈ উঠিছে। এনে দিশৰপৰা ৰংবং তেৰাঙৰ 'টামহিদিৰ অশ্রু' আৰু 'সেই নোদোকা গাহৰিটো' দুয়োটা গল্পতেই ঐতিহাসিক মূল্য আৰোপ কৰিব পাৰি। 'টামহিদিৰ অশ্রু' গল্পত ২০০৫ চনৰ কার্বি-ডিমাচাৰ সংঘর্ষ আৰু 'সেই নোদোকা গাহৰিটো' গল্পত ২০০৩-২০০৪ চনৰ কার্বি-কুকিৰ সংঘর্ষৰ প্রসংগ আছে।

স্বামী আৰু সন্তানৰ সৈতে চাৰিচমত টামহিদিৰ এখন সুখৰ সংসাৰ আছিল। কার্বি-ডিমাচাৰ সংঘর্ষই সেই সুখৰ সংসাৰ নিঃশেষ কৰি পেলালে। গল্পৰ কথকৰ ঘৰত আশ্রয় পাইছিল যদিও মানুহৰ সংকীর্ণতাত সেই আশ্রয়ো থণ্টেকীয়া হ'ল। পুনৰ আশ্রয়হীনা হৈ পৰা টামহিদি পুৰুষৰ কামনাৰ বলি হ'ল। জীৱনৰ সকলো ছন্দৰ লয় হেৰুৱাই টামহিদি স্ব-ইচ্ছাই এই পৃথিৱীৰ পৰা আঁতৰি গ'ল।

গোষ্ঠী-সংঘাতে সৃষ্টি কৰা ট্রমাজনিত অৱস্থাৰ চিত্র 'সেই নোদোকা গাহৰিটো' নামৰ গল্পটোত পোৱা যায়। মেকৃ ইংতিপীইঁতৰ জীৱন জীৱনৰ স্বাভাৱিক ছন্দ-পথৰ পৰা চ্যুত হৈছে। গোষ্ঠী-সংঘাতত অৱক্ষয় ঘটা ধর্মীয় মূল্যবোধৰ প্রসংগও 'সেই নোদোকা গাহৰিটো' শীর্ষক গল্পত প্রকাশিত হৈছে।

দুয়োটা গল্পৰ মাজেদি গল্পকাৰৰ সমাজ-সচেতন মনোভাৱ পৰোক্ষ ৰূপত ব্যক্ত হৈছে। সেয়া হ'ল— সংঘাত বা সংঘর্ষই কেতিয়াও জীৱন সুন্দৰ নকৰে।

∎∎∎

সহায়ক গ্রন্থপঞ্জী

তেৰাং, ৰংবং। *গল্প সমগ্র*। গুৱাহাটীঃ বনলতা, ২০১২।

বৰুৱা, প্রহ্লাদ কুমাৰ। *অসমীয়া চুটি গল্পৰ অধ্যয়ন*। ডিব্রুগড়ঃ বনলতা, ২০১৫।

বৰুৱা, বিকাশজ্যোতি। *জাতীয় জীৱনৰ ক্রমবিকাশৰ দিক-নির্ণায়ক ৰংবং তেৰাং*। গুৱাহাটীঃ ৰেখা প্রকাশন, ২০০৯।

বেজবৰা, নীৰাজনা মহন্ত। *সাহিত্যৰ সমাজতত্ত্বঃ সিদ্ধান্ত আৰু প্রয়োগ*। ডিব্রুগড়ঃ বনলতা, ২০১১।

শইকীয়া, সচ্চিদানন্দ। *সাহিত্যৰ সমাজতত্ত্ব*। ডিব্রুগড়ঃ অসমীয়া বিভাগ, খোৱাং মহাবিদ্যালয়, ২০১৯।

3

অজিত ছিংনাৰৰ 'গুৰিয়াল' গল্পত প্ৰতিফলিত কাৰবি লোকসংস্কৃতিঃ এক পাঠভিত্তিক অধ্যয়ন

সাৰাংশ

অসমৰ জনজাতীয় সাহিত্য (tribal literature)ৰ এটা ঘাই বিশেষত্ব হৈছে জনজাতীয় সমাজ-সংস্কৃতিৰ প্ৰতিফলন। এনে প্ৰতিফলনৰ বিশেষ গুৰুত্ব আছে। কাৰণ, এনে উপস্থাপনৰ বাবে সাহিত্য পাঠ (literary text) পঠনৰ যোগেদি বিশেষ একোটা জনজাতিৰ সমাজ-সংস্কৃতিৰ সৈতে পৰিচিত হ'ব পাৰি। অসমীয়া ভাষাত সাহিত্য চৰ্চা কৰা কাৰবি জনগোষ্ঠীয় লেখক অজিত ছিংনাৰৰ দ্বাৰা ৰচিত গল্প সংকলনখন 'পৰুৱাই পোৱা মানুহ' (২০১১)ৰ এটা প্ৰধান গল্প হৈছে 'গুৰিয়াল'। পৰম্পৰাগত পানীয়ৰ ব্যৱহাৰ জনজাতীয় সমাজৰ এটা প্ৰধান বৈশিষ্ট্য। কিন্তু এনে পানীয়ৰ প্ৰতি বাৰি যোৱা আসক্তি আৰু অন্ধভাৱে ধৰি ৰাখিব বিচৰা পৰম্পৰাৰ বাবে পৰিয়াল এটালৈ অমানিশা নামি আহিব পাৰে। এনে বিষয়বস্তুক কেন্দ্ৰ কৰিয়েই অজিত ছিংনাৰৰ 'গুৰিয়াল' নামৰ গল্পটো ৰচিত। এই পত্ৰখনত ছিংনাৰৰ দ্বাৰা ৰচিত 'গুৰিয়াল' গল্পটোত কাৰবি লোকসংস্কৃতিৰ কি কি দিশ প্ৰকাশিত হৈছে, তাৰ এক অনুসন্ধান কৰা হৈছে। এনে অনুসন্ধানৰ যোগেদি 'জনজাতীয় সাহিত্য' হিচাপে গল্পটোৰ গুৰুত্ব বিচাৰ কৰিবলৈ যত্ন কৰা হৈছে। আলোচনাৰ যোগেদি দেখা গৈছে যে, গল্পটোত কাৰবি লোকসংস্কৃতিৰ অন্তৰ্গত লোকগীত, লোকনাম, পূজা-পাৰ্বণ, লোকবিশ্বাস, সাজপাৰ, খাদ্যাভ্যাস আৰু লোক-ৰন্ধন প্ৰণালী আৰু জুম খেতিৰ পৰম্পৰা প্ৰকাশ পাইছে। লগতে গল্পটোত কাৰবি লোকসমাজত নাৰীৰ স্থান বিষয়ক চিত্ৰও উপস্থাপিত হৈছে। এনেবোৰ দিশ বিচাৰ কৰি গল্পটোক এটা গুৰুত্বপূৰ্ণ 'জনজাতীয় চুটিগল্প' আখ্যা দিব পৰা যায়।

বীজশব্দ: অজিত ছিংনাৰ, কাৰবি চুটিগল্প, কাৰবি লোকসংস্কৃতি, জনজাতীয় সাহিত্য।

১. আৰম্ভণি

অসমৰ জনজাতীয় সাহিত্য (tribal literature)ৰ এটা ঘাই বিশেষত্ব হৈছে জনজাতীয় সমাজ-সংস্কৃতিৰ প্ৰতিফলন। এনে প্ৰতিফলনৰ বিশেষ গুৰুত্ব আছে। কাৰণ, এনে উপস্থাপনৰ বাবে সাহিত্য পাঠ (literary text) পঠনৰ যোগেদি বিশেষ একোটা জনজাতিৰ সমাজ-সংস্কৃতিৰ সৈতে পৰিচিত হ'ব পাৰি। লেখকজন যদি জনজাতিটোৰ ভিতৰুৱা (insider) হয়, তেন্তে তেওঁৰ কৃতিৰ মাজেদি তেওঁলোকৰ মনোভাৱ, পৰিৱৰ্তনৰ প্ৰতি প্ৰতিক্ৰিয়া, সমস্যা চিনাক্তকৰণৰ আৰু সমাধানৰ আকাংক্ষা আদি বিষয়বোৰ স্পষ্টভাৱে প্ৰকাশ পাব পাৰে। অৱশ্যে সূক্ষ্ম দৃষ্টিসম্পন্ন জনগোষ্ঠীটোৰ বাহিৰৰ (outsider) লেখকৰ ৰচনাতো এই বিষয়বোৰ প্ৰকাশ নোহোৱাকৈ নাথাকে। তথাপিও সমাজ এখনৰ ভিতৰুৱা লেখক এজনে নিজৰ সমাজখনৰ বিষয়ে ক'বলৈ বিচৰা কথাবোৰৰ সুকীয়া মূল্য নিশ্চয়কৈ আছে।

অসমীয়া ভাষাত গল্প চৰ্চা কৰা কাৰ্বি জনগোষ্ঠীয় লেখকসকল হৈছে ৰংবং তেৰাং, ধাৰণ ক্ৰ', অৰুণ টেৰণ, অজিত ছিংনাৰ আদি। "প্ৰথম কাৰ্বি চুটিগল্পৰ (চেধটা) সংকলন *লামমেত এছাং* (১৯৭৯), আৰু *ছামফ্ আপুনদিছৰ, কাচংহং*"। (হাকাচাম ২০১৬) গল্পৰ দৰে উপন্যাস আৰু কবিতাৰেও কাৰ্বি জনগোষ্ঠীয় লেখকসকলে অসমীয়া সাহিত্য চহকী কৰিছে। "জয়ন্ত ৰংপিৰ *পূৰাতে এজাক ধনেশ* (১৯৭৭) নামৰ উপন্যাসখন কাৰ্বি জনজাতিৰ পটভূমিত ৰচিত প্ৰথমখন উপন্যাস।" (বড়ো ৪৪) অসমীয়া ভাষাত সাহিত্য চৰ্চা কৰা কাৰ্বি জনগোষ্ঠীয় লেখক অজিত ছিংনাৰৰ দ্বাৰা ৰচিত গল্প সংকলনখনৰ নাম হৈছে 'পৰুৱাই পোৰা মানুহ' (২০১১)। 'গুৰিয়াল' গল্পটো এইটো সংকলনৰে অন্তৰ্গত। গল্পটো পোনতে 'কুন্তিৰী' (ছেপ্টেম্বৰ, ২০১১) নামৰ আলোচনীখনত প্ৰকাশ পাইছিল। অজিত ছিংনাৰে গল্পৰ লগতে অসমীয়া ভাষাত উপন্যাসো ৰচনা কৰিছে— 'লংৰি আতমন' (২০১৪), 'ছেৰ হংথম' (২০১৬), 'সন্ধ্যা বেলাৰ শোকগাথা' (২০১৬), 'বৰ্ষা দেৱীৰ মালিতা' আদি।

নিজা জনগোষ্ঠীয় ভাষাৰ লগতে অসমীয়া ভাষাতো সাহিত্য চৰ্চা কৰি অসমীয়া ভাষা-সাহিত্যৰ ভঁৰাল সমৃদ্ধ কৰাত অৰদান আগবঢ়াই থকা কাৰ্বি জনগোষ্ঠীয় লেখকসকলৰ বিষয়ে হোমেন বৰগোহাঞ্জিয়ে এনেদৰে কৈছে— "তেওঁলোকে অসমীয়া আৰু কাৰ্বি দুয়োটা ভাষাতে সমান উদ্যমেৰে সাহিত্য-চৰ্চা কৰি আছে। তেওঁলোকৰ মাজৰ পৰা ওলাইছে আধুনিক অসমীয়া সাহিত্যৰ অন্যতম যুগস্ৰষ্টা বৰেণ্য সাহিত্যিক ৰংবং তেৰাং; তেওঁলোকৰ মাজৰ পৰা ওলাইছে কেইবাজনো শক্তিশালী গদ্যলেখক; তেওঁলোকৰ মাজৰ পৰা ওলাইছে আধুনিক অসমীয়া কবিতাত নতুন আৰু মৌলিক কণ্ঠস্বৰ যোগ দিয়া কেইবাজনো শক্তিশালী কবি। তেওঁলোকৰ অসমীয়া ভাষা-সাহিত্যৰ সাধনা কেৱল সাহিত্য-সৃষ্টিৰ মাজতে সীমাবদ্ধ হৈ থকা নাই। তেওঁলোক আগ বাঢ়ি আহিছে অসম সাহিত্য সভাৰ নেতৃত্ব ল'বলৈকো।" (বৰগোহাঞ্জি ০.৯)

পৰম্পৰাগত পানীয়ৰ ব্যৱহাৰ জনজাতীয় সমাজৰ এটা প্ৰধান বৈশিষ্ট্য। কিন্তু এনে পানীয়ৰ প্ৰতি বাটি যোৱা আসক্তি আৰু অন্ধভাৱে ধৰি ৰাখিব বিচৰা পৰম্পৰাৰ বাবে পৰিয়াল এটালৈ অমানিশা নামি আহিব পাৰে। এনে বিষয়বস্তুক কেন্দ্ৰ কৰিয়েই অজিত ছিংনাৰৰ 'গুৰিয়াল' নামৰ গল্পটো ৰচিত। গল্পটোত কাৰ্বি লোকসংস্কৃতিৰ লগত জড়িত কেইবাটাও দিশ প্ৰকাশ পাইছে। এই অধ্যয়নত গল্পটোত প্ৰকাশিত তেনে দিশবোৰ চিনাক্ত কৰি আলোচনা কৰা হৈছে।

১.১ অধ্যয়নৰ উদ্দেশ্য

‘অজিত ছিংনাৰৰ ‘গুৰিয়াল’ গল্পত প্ৰতিফলিত কাৰবি লোকসংস্কৃতিঃ এক পাঠভিত্তিক অধ্যয়ন’ শীৰ্ষক এই পত্ৰখনত ছিংনাৰৰ দ্বাৰা ৰচিত ‘গুৰিয়াল’ গল্পটোত কাৰবি লোকসংস্কৃতিৰ কি কি দিশ প্ৰকাশিত হৈছে, তাৰ এক অনুসন্ধান কৰা হৈছে। এনে অনুসন্ধানৰ যোগেদি ‘জনজাতীয় সাহিত্য’ হিচাপে গল্পটোৰ গুৰুত্ব পোহৰলৈ আহিব।

১.২ অধ্যয়নৰ পদ্ধতি

বৰ্ণনাত্মক পদ্ধতিৰে এই পত্ৰখন প্ৰস্তুত কৰা হৈছে। আলোচনাৰ বাবে নিৰ্ধাৰণ কৰি লোৱা দিশকেইটা হৈছে— লোকগীত, লোকনাম, পূজা-পাৰ্বণ, লোকবিশ্বাস, সাজপাৰ, খাদ্যাভ্যাস আৰু লোক-ৰঞ্জন প্ৰণালী, জুম খেতিৰ পৰম্পৰা আৰু কাৰবি লোকসমাজত নাৰীৰ স্থান।

২. আলোচনা আৰু ফলাফল

তলত অজিত ছিংনাৰৰ ‘গুৰিয়াল’ গল্পটোত প্ৰতিফলিত কাৰবি লোকসংস্কৃতিৰ লগত জড়িত দিশকেইটাৰ বিষয়ে আলোচনা কৰা হ’ল—

২.১ লোকগীত

কাৰবি নিচুকনি গীতৰ উল্লেখ ‘গুৰিয়াল’ গল্পটোত দেখা গৈছে। কাছাঙে হেমাৰীক শুৱাবলৈ নিচুকনি গীত গাইছে। এই ছবিখনে পৰম্পৰাগত কাৰবি সমাজ এখনৰ আভাস দাঙি ধৰিছে। নবীন চন্দ্ৰ শৰ্মাই লোকগীতৰ নটা ভাগ কৰিছে আৰু তাৰে এটা হৈছে ‘‘কেঁচুৱা আৰু ল’ৰা-ছোৱালীৰ লগত সম্পৰ্কযুক্ত গীত’’। ইয়াৰ ভিতৰত তেওঁ টোপনি নিওৱা গীত (Lullabies), নিচুকনি গীত (Nursery rhymes) আৰু শিশুৰ খেল-ধেমালিৰ লগত জড়িত গীত (Children game songs)ক ধৰিছে। (শৰ্মা ৭০) অৱশ্যে টোপনি নিওৱা গীত আৰু নিচুকনি গীতক বহু সময়ত পৃথককৈ দেখুৱাব নোৱাৰি। ‘গুৰিয়াল’ গল্পটোত উল্লেখ কৰা নিচুকনি গীতৰ শাৰীকেইটা এনে—

তু ৱা এ ৱা এ...এ

বংছ’ হেমাৰী এ...এ

মেকছ’ লে জাংনন

তু ৱা এ... (ছিংনাৰ ৪১)

(অসমীয়া অৰ্থঃ তু ৱা এ ৱা এ...এ/ ভাইটি হেমাৰী এ...এ/ টোপনি যোৱা এ...এ।)

কেঁচুৱা শুৱাবলৈ ব্যৱহাৰ কৰা ‘লিংলাং’ (ঝুলনা)ৰ উল্লেখে পৰম্পৰাগত কাৰবি ঘৰ এখনৰ এটা দিশ প্ৰতিফলিত কৰিছে।

২.২ লোকনাম

ব্যক্তিৰ নামেও এখন সমাজৰ পৰিচয় দাঙি ধৰে। সময়ৰ পৰিৱৰ্তনৰ লগে লগে ব্যক্তিৰ নাম দিয়াৰ পৰম্পৰাও সলনি হয়। এনে পৰিৱৰ্তিত নামে অৱশ্যে সমাজৰ পৰম্পৰাগত পৰিচয় ব্যক্ত কৰিব নোৱাৰে। অজিত ছিংনাৰৰ ‘গুৰিয়াল’ গল্পটোত পৰম্পৰাগত কাৰবি লোকনামৰ উল্লেখ আছে। লাংটুক তকবি, কাছাং ৰংহাংপী, কাদম, হেমাৰী, লংকি তেৰাং, ছাৰ্থে ৰংপি আদি নামবোৰে পৰম্পৰাগত কাৰবি লোকসমাজ এখনৰ আভাস দাঙি ধৰে। এই কথা উল্লেখযোগ্য যে, কাৰবি ভাষাত পুংলিংগবাচক শব্দ বা পুৰুষৰ উপাধিৰ পাছত স্ত্ৰী প্ৰত্যয় ‘-পী’ যোগ দি স্ত্ৰী লিংগলৈ নিয়া হয়। কাছাং ৰংহাংপী নামটো এনে বিশেষত্বৰ উদাহৰণ।

২.৩ পূজা-পাৰ্বণ

গল্পটোত তিমুং নামৰ কাৰ্বি গাঁওথনত সততে হৈ থকা পূজা-পাৰ্বণৰ উল্লেখ পোৱা যায়—
"গাঁওথনত পূজাৰো অন্ত নাই।" (ছিংনাৰ ৪৪) আন কাৰ্বি গাঁও আৰু তাত হোৱা পূজা-পাৰ্বণৰ
কথাও গল্পটোত আছে। লাংটুক তকবিয়ে ছিংনাৰ গাঁৱৰ লংকি তেৰাংইতৰ 'পেং' পূজা খাবলৈ
গৈছে। 'পেং' হৈছে কাৰ্বিসকলৰ গৃহদেৱতা। "কাৰ্বিসকলে এই পূজা প্ৰতিবছৰে ঘৰুৱাভাৱে পালন
কৰে। তেওঁলোকৰ বিশ্বাস পেং দেৱতাই সকলোবিলাক বেমাৰ-আজাৰ নিৰ্মূল কৰি ঘৰথনক ৰক্ষা
কৰি থাকে।" (কলিতা ১২১) এই পূজাত কাৰ্বিসকলে কুকুৰা, হৰলাং (পৰম্পৰাগত পানীয়),
নতুনকৈ লগা ফল-মূল আদি উছৰ্গা কৰে আৰু ছাগলী বলি দিয়ে। পূজাৰ শেষত ছাগলীৰ শিং,
কুকুৰাৰ পাখি আদি বেৰত গুজি থয়।

পেং পূজাৰ বাহিৰেও কাৰ্বিসকলে কাংডুক, চ'জুন আদি পূজাও পৰম্পৰাগতভাৱে পালন
কৰি আহিছে। ইয়াৰ উল্লেখো গল্পটোত পোৱা যায়। "গাঁওথনত পূজাৰো অন্ত নাই" কথাষাৰে
কাৰ্বিসকলৰ সামাজিক জীৱন পৰিচালনাত পূজা-পাৰ্বণৰ গুৰুত্বপূৰ্ণ ভূমিকাৰ বিষয়ে ইংগিত
কৰিছে। "কাৰ্বিসকলৰ ধৰ্ম জীৱনৰ শ্ৰেষ্ঠ নিদৰ্শন হ'ল চ'জুন উৎসৱ।" (কলিতা ৯৮) ইয়ো এক
প্ৰকাৰৰ গৃহদেৱতাৰ পূজাই। এই পূজাৰ মূল উপাস্য দেৱতা হ'ল 'বাৰিথে' (ইন্দ্ৰ)। সেইবাবে এই
পূজাক সৱগৰ পূজা বা ইন্দ্ৰ দেৱতাৰ পূজা বুলিও কোৱা হয়। এই পূজাত ইন্দ্ৰৰ লগতে গৃহস্থৰ
আদি পুৰুষ 'ছাৰ', কাৰ্তিক, নাগ দেৱতা, অগ্নি আৰু সূৰ্য দেৱতাকো পূজা কৰা হয়। কাৰ্বিসকলে
পৰিয়ালত সঘনাই বেমাৰ হৈ থাকিলে, ঘৰৰ ভিতৰত কেঁচা, সাপ আদি জীৱ সোমালে, ঘৰৰ
সীমাৰ ভিতৰত বজ্ৰপাত পৰি গছ-গছনি মৰিলে, জুম খেতি শুকাই গ'লে চ'জুন পূজা পাতি কুশল
কামনা কৰে। আনহাতে, 'কাংডুক' হৈছে পূৰ্বপুৰুষক স্মৰণ কৰি পতা এক প্ৰকাৰৰ পূজা।

কাৰ্বিসকলে পালন কৰা সকলো পূজা-পাৰ্বণতে মদ (হৰলাং) অপৰিহাৰ্য। কাৰ্বিসকলৰ এনে
সাংস্কৃতিক বিশিষ্টতাৰ আভাসো গল্পটোত পোৱা যায়।

২.৪ লোকবিশ্বাস

অজিত ছিংনাৰৰ 'গুৰিয়াল' গল্পটোৱে কাৰ্বি সমাজত প্ৰচলিত লোকবিশ্বাসৰ ভালেকেইটা
দিশ দাঙি ধৰিছে। লাংটুক চৰিত্ৰৰ যোগেদি দাঙি ধৰা তেনে দিশবোৰ হ'ল—

১. দেও-ভূত, দেৱ-দেৱতাক সন্তুষ্ট কৰি ৰাখিলে ঘৰথনত অপায়-অমংগল নহয়।

২. দেও-ভূত, দেৱ-দেৱতা অসন্তুষ্ট হ'লে মানুহৰ বেমাৰ-আজাৰ হয়। মঙল চোৰাই সেইমতে
অসন্তুষ্ট হোৱাজনক পূজা দিলে বেমাৰ ভাল হৈ যায়। গল্পটোত ছাৰ্থে ৰংপি নামৰ মঙলতিৰ কথা
আছে। ছাৰ্থে ৰংপিৰ মতে জুৰিৰ পানীত থকা 'চুৱিদং' নামৰ অপদেৱতাৰ অসন্তুষ্টিৰ বাবেই
হেমাৰীৰ জ্বৰ হৈছে। এই অপদেৱতাক সন্তুষ্ট কৰাৰ অৰ্থে জুৰিৰ পাৰত পূজা দিয়া হৈছে।

৩. কাৰ্বি সমাজৰ কিছুমান মানুহে মতা মানুহে কান্ধত থৰি অনাটো অশুভ বুলি বিশ্বাস
কৰে।

৪. গিৰীয়েক-ঘৈণীয়েকে একেলগে খোজ কাটি অহাৰ সলনি গিৰীয়েকৰ আগে আগে ঘৈণীয়েকে
খোজ লৈ অহাটো সমাজৰ নিয়ম।

কাৰ্বি লোকসমাজত প্ৰচলিত এনেবোৰ লোকবিশ্বাসক 'অন্ধবিশ্বাস' বুলি ক'ব পাৰি।
আচলতে "লোকবিশ্বাসৰ বহল পৰিসীমাৰ ভিতৰতে অন্ধবিশ্বাসকো সামৰিব পাৰি।" (শৰ্মা ১০১)
লোকবিশ্বাস আৰু অন্ধবিশ্বাসৰ মাজত পাৰ্থক্যও আছে— "লোকবিশ্বাস কিছু পৰিমাণে যুক্তিৰ
ওপৰত প্ৰতিষ্ঠিত, ইয়াৰ বিপৰীতে অন্ধবিশ্বাসৰ প্ৰক্ৰিয়াই আনক অপকাৰো কৰিব পাৰে; কিন্তু
লোকবিশ্বাসত আনক অপকাৰ কৰাৰ প্ৰৱণতা নিহিত হৈ নাথাকে।" (শৰ্মা ১০২) লাংটুক তকবিয়ে

হেমাৰীৰ জ্বৰ হওঁতে ডাক্তৰৰ ওচৰলৈ যাব বিচৰা নাই। সি মঙলতিৰ কথা মতে ‘চুৰিদং’ নামৰ অপদেৱতাক পূজাহে দিছে। উপযুক্ত ডাক্তৰী চিকিৎসা নোপোৱাৰ বাবেই হেমাৰীৰ মৃত্যু হৈছে। গতিকে ই অন্ধবিশ্বাসৰ নিদর্শন। কাৰণ, এই বিশ্বাসে ব্যক্তিৰ অপকাৰ কৰিছে।

২.৫ সাজপাৰ

গল্পটোত কাৰবিসকলৰ সাজপাৰৰ বিতং বিৱৰণ পোৱা নাযায়। কেৱল মহিলাই পৰিধান কৰা পেককৰহে উল্লেখ পোৱা যায়। ‘পেকক’ মানে হৈছে চাদৰ। এইখন দীঘলে ৪ ফুট আৰু বহলে ৩.৫ ফুট। এইখন সোঁ কান্ধত এটা গাঁঠি মাৰি ওলোমাই পৰিধান কৰা হয়। সাধাৰণতে ফলা উণেৰে পেকক প্ৰস্তুত কৰা হয়। অৱশ্যে আজিকালি পাট, মুগা আৰু আন কৃত্রিম সূতাৰেও পেকক বোৱা হয়। বয়সৰ লগত সংগতি ৰাখি পেককত ভিন ভিন ৰং ব্যৱহাৰ কৰা হয় আৰু বেলেগ বেলেগ ফুল তোলা হয়।

২.৬ খাদ্যাভ্যাস আৰু লোক-ৰন্ধন প্ৰণালী

কাৰবিসকলৰ পৰম্পৰাগত খাদ্য আৰু তাৰ ৰন্ধন প্ৰণালীৰ আভাসো গল্পটোত আছে। কাৰবিসকলৰ সকলো ধৰণৰ সামাজিক আৰু ধর্মীয় অনুষ্ঠানত বা পূজাত মদ অপৰিহার্য। কাহিনী কথকৰ ভাষাত— “পূজাৰ লগতে থাকে মদ-মাংসৰ এটা ভোজ-ভাত। (ছিংনাৰ ৪৪) পৰম্পৰাগত পানীয়ৰ ব্যৱহাৰ জনজাতীয় সমাজৰ এটা ঘাই বিশেষত্ব। কাৰবি সমাজতো এনে পানীয়ৰ প্ৰচলন আছে। তেওঁলোকৰ সকলো ধর্মীয় আৰু সামাজিক আচাৰ-অনুষ্ঠানত ইয়াৰ প্ৰয়োগ অপৰিহার্য। কাৰবিসকলে পৰম্পৰাগত পানীয়বিধক ‘হৰলাং’ বোলে। বহু কাৰবি পৰিয়ালে ‘হৰলাং’ বিক্ৰী কৰি অর্থ উপার্জনো কৰে— “গাঁওথনৰ প্ৰতিঘৰ মানুহৰ ঘৰতে মদ পোৱা যায়। বহুতে বিক্ৰীও কৰে।” (ছিংনাৰ ৪৩)

কাৰবিসকলে খাদ্য ৰান্ধোঁতে থাৰ-তেল নিদিয়ে বা কমকৈ ব্যৱহাৰ কৰে। এনে খাদ্যক কাৰবি ভাষাত ‘কালাংদাং’ বোলা হয়। কাছাঙে এনে খাদ্য ৰন্ধাৰ বৰ্ণনা গল্পটোত আছে— “কালাংদাং তৰকাৰি এখনকে ৰান্ধিবলৈ মনস্থ কৰি তাই পাঁচমুখী কচু কাটিবলৈ আৰম্ভ কৰিলে। ...তাই তৰকাৰিৰ চৰুটো চোকাত উঠাই তাত অলপ পানী ঢালি গৰম হ’বলৈ দিলে।” (ছিংনাৰ ৪২) “চৰুত পানী গৰম হোৱা দেখি কাছাঙে কাটি থোৱা কচুখিনি ঢালি দিলে। তৰকাৰিত অলপ হালধি আৰু নিমখ ঢালি দিয়াৰ সময়তে তাই গম পালে যে হেমাৰীয়ে পুনৰ কান্দিবলৈ আৰম্ভ কৰিছে।” (ছিংনাৰ ৪৪)

চোকা আৰু জুই ফুৱাবলৈ ব্যৱহাৰ কৰা বাঁহৰ চুঙাৰ উল্লেখে পৰম্পৰাগত কাৰবি পাকঘৰ এখনৰ ইংগিত কৰিছে।

২.৭ জুম খেতিৰ পৰম্পৰা

জনজাতীয় লোকসকলে পাহাৰৰ এঢলীয়া মাটিত হাবি কাটি খেতি কৰে। “হাবি-বন পুৰি পৰ্বতৰ ওপৰত কৰা খেতি”কেই জুম খেতি বোলা হয়। গল্পটোত কাছাং ৰংহাংপীয়ে পাহাৰৰ হাবি কাটি জুম খেতি কৰাৰ চিত্ৰ আছে। জুমতলীত ধান, কচু, জলকীয়া, বেঙেনা, ৰঙালাও, কোমোৰা, কাঠ আলু আদি শস্যৰ খেতি কৰে। জুমতলীত জিৰাবৰ বাবে বা শস্য ৰখিবৰ বাবে কেতবোৰ ঘৰ সজা হয়। এনে ঘৰ কাছাংইঁতৰ জুমতলীতো আছে। সেয়া হৈছে— ‘মাণ্টু’ (পথাৰৰ মাজত সজা জিৰণি ঘৰ) আৰু ‘হেমতাপ’ (টঙিঘৰ)। এনে ঘৰত থোৱা-লোৱাও কৰা হয়।

২.৮ কাৰবি লোকসমাজত নাৰীৰ স্থান

গল্পকাৰ অজিত ছিংনাৰে 'গুৰিয়াল' গল্পত কাৰবি লোকসমাজত নাৰীৰ স্থান বিষয়ক দিশ কাছাং আৰু লাংটুক চৰিত্ৰৰ মাজেদি প্ৰকাশ কৰিছে। বিশেষকৈ কাৰবি লোকসমাজত লোকবিশ্বাসক আশ্ৰয় কৰি ঘৰখনৰ কামৰ বোজা নাৰী এগৰাকীৰ ওপৰত জাপি দিয়া দেখা গৈছে— "মতা মানুহে থৰি কান্ধত অনাটো অশুভ বুলি কিছুমান মানুহে বিশ্বাস কৰে, এনে বিশ্বাসৰ গইনা লৈ সি (লাংটুক তকবি) কোনোদিনে থৰি-কাঠ এডাল ননাকৈ শুদাহাতে ঘৰ ওলায়হি।" (ছিংনাৰ ৪৪) অৱশ্যে এনে বিশ্বাস কাৰবি সমাজত প্ৰচলিত সকলোৱে মানি লোৱা লোকবিশ্বাস নহয়। কাৰণ, 'কিছুমান মানুহে'হে মতা মানুহে থৰি কান্ধত অনাটো অশুভ বুলি বিশ্বাস কৰাৰ কথা গল্পকাৰে কৈছে। কাৰবি সমাজত কৃষি ক্ষেত্ৰত নাৰীৰ অংশগ্ৰহণ বিশেষভাৱে পৰিলক্ষিত হয়। গল্পটোত কাছাঙে পাহাৰত হাবি কাটি জুমখেতি কৰাৰ চিত্ৰ পোৱা যায়। তাই কেঁচুৱা হেমাৰীক বোকোচাত বান্ধিয়েই জুমতলীৰ কামবোৰ কৰি গৈছে। কাছাঙে এনেদৰে কাম কৰিবলৈ বাধ্য হোৱাৰ অন্তৰালত অৱশ্যে এক বিশেষ কাৰণো আছে। স্বামী লাংটুকে খেতিৰ বাবে উপযোগী সকলো মাটি বন্ধকত দি দিছিল। এনে কাৰণতে কাছাঙে পাহাৰত মাটি মুকলি কৰি খেতি কৰিবলৈ বাধ্য হৈছিল। এই ক্ষেত্ৰত তাই লাংটুকৰ পৰা কোনো ধৰণৰ সহায় পোৱা নাছিল। ইয়াৰ যোগেদি কাৰবি লোকসমাজত নাৰীৰ অৱস্থান যে নিম্ন, সেই কথা অনুমান কৰিব পাৰি। লাংটুকে কোৱা এই কথাষাৰেও কাৰবি নাৰীৰ নিম্ন সামাজিক স্থিতিক প্ৰতিফলিত কৰিছে— "ছোৱালীক পঢ়ুৱাই কি লাভ? ডাঙৰ হ'লে এদিন লোকৰ হৈ যাব। আমি ইমানবোৰ টকা-পইচা খৰচ কৰাৰ দৰকাৰ নাই।" (ছিংনাৰ ৪৭)

গল্পটোত নাৰীৰ প্ৰতি সমাজে কৰা অৱহেলাৰ কেইবাটাও প্ৰসংগ প্ৰকাশ পাইছে। লাংটুক তকবিৰ মতে ছোৱালীক পঢ়ুৱাই কোনো লাভ নাই, ঘৰ এখনৰ গুৰি ধৰাৰ দায়িত্ব নাৰীৰ নহয় বা নাৰী এগৰাকীয়ে তেনে দায়িত্ব পালন কৰিব নোৱাৰে। কিন্তু লাংটুক তকবিৰ পত্নী কাছাঙে নাৰীৰ প্ৰতি থকা এনে পিতৃতান্ত্ৰিক মানসিকতাৰ অৰ্থহীনতা প্ৰকাশ কৰিছে। কাছাঙে ল'ৰা-ছোৱালীৰ সমস্ত দায়িত্ব পালন কৰাৰ লগতে ৰন্ধা-বঢ়া, খেতি কৰালৈকে সকলো দায়িত্ব সম্পাদন কৰি ঘৰ এখনৰ প্ৰকৃত 'গুৰিয়াল' হোৱাৰ যোগ্যতা প্ৰদৰ্শন কৰিছে। কিন্তু পুৰুষতান্ত্ৰিক সামাজিক নিৰ্মাণ অনুসৰি এই কামবোৰ কৰিলেও এগৰাকী পত্নী ঘৰখনৰ 'গুৰিয়াল' হ'ব নোৱাৰে। পত্নী সদায় পতি/স্বামী/গৰাকী/প্ৰভু/মালিকৰ অধীন। পুৰুষতান্ত্ৰিক সমাজৰ ধাৰণা অনুসৰি ঘৰ এখনৰ গুৰি ধৰোঁতা অৰ্থাৎ গুৰিয়াল হৈছে পুৰুষজন। এই ক্ষেত্ৰত নাৰী এগৰাকীৰ শক্তি-সামৰ্থ থাকিলেও তাক পুৰুষতান্ত্ৰিক সমাজে স্বীকৃতি দিব নিবিচাৰে। লাংটুকৰ বক্তব্যত এনে মানসিকতা স্পষ্ট— "তুমি ভাবিছা যে তুমিয়েই ঘৰখন ধৰি আছা? মিছা কথা, ঘৰৰ কাম-বন কৰিলেই ঘৰখনৰ গুৰি ধৰা নুবুজায়।" (ছিংনাৰ ৪৮)

৩. উপসংহাৰ

এই আলোচনাৰ পৰা দেখা গৈছে যে অজিত ছিংনাৰৰ 'গুৰিয়াল' গল্পত কম পৰিসৰত হ'লেও কাৰবি লোকসংস্কৃতিৰ অন্তৰ্গত লোকগীত, লোকনাম, পূজা-পাৰ্বণ, লোকবিশ্বাস, সাজপাৰ, খাদ্যাভ্যাস আৰু লোক-ৰন্ধন প্ৰণালী আৰু জুম খেতিৰ পৰম্পৰা প্ৰকাশ পাইছে। লগতে গল্পটোত কাৰবি লোকসমাজত নাৰীৰ স্থান বিষয়ক চিত্ৰও উপস্থাপিত হৈছে। এনেবোৰ দিশ বিচাৰ কৰি গল্পটোক এটা গুৰুত্বপূৰ্ণ 'জনজাতীয় চুটিগল্প' আখ্যা দিব পৰা যায়। গল্পকাৰে পাঠকৰ সুবিধাৰ্থে কাৰবি ভাষাৰ শব্দবোৰৰ অসমীয়া অৰ্থ গল্পৰ সামৰণিত উল্লেখ কৰি দিছে। গতিকে অসমীয়াভাষী পাঠকে গল্পটোৰ কাহিনীবস্তু বুজাত কোনো অসুবিধা নাপাব।

∎∎∎

সহায়ক গ্ৰন্থপঞ্জী

কলিতা, ৰেখা। *উত্তৰ-পূৰ্বাঞ্চলৰ পাৰ্বত্য জনজাতি আৰু তেওঁলোকৰ ধৰ্মীয় উৎসৱঃ এক সমীক্ষাত্মক অধ্যয়ন (কাৰ্বি আৰু ডিমাছাৰ বিশেষ উল্লিখনসহ)*। ২০১৬। গুৱাহাটী বিশ্ববিদ্যালয়, পিএইচ.ডি গৱেষণা-গ্ৰন্থ।

ছিংনাৰ, অজিত। *পৰুৱাই পোৱা মানুহ*। ২য় সংস্ক., গুৱাহাটীঃ অসম বুক ট্ৰাষ্ট, ২০২৩।

বড়ো, ধীৰেণ। *জনজাতীয় পটভূমিত ৰচিত অসমীয়া উপন্যাস*। ১ম সংস্ক., গুৱাহাটীঃ পূৰ্বায়ণ প্ৰকাশন, ২০১৬।

বৰগোহাঞি, হোমেন (সংক. আৰু সম্পা.)। *কাৰ্বি সাহিত্য-প্ৰতিভাৰ চানেকি*। ১ম সংস্ক., গুৱাহাটীঃ অসম প্ৰকাশন পৰিষদ, ২০১৭।

বৰদলৈ, থঞৱৰী। "কাৰ্বি নাৰীৰ সাজপাৰ আৰু অলংকাৰ", পুণ্য লতা গোহাঁই সম্পাদিত *অসমৰ জনগোষ্ঠীয় নাৰীৰ সাজপাৰ আৰু অলংকাৰ*। ১ম সংস্ক., গুৱাহাটীঃ দগো-ৰাংছাং গৱেষণা সমিতিৰ হৈ অলিম্পিয়া প্ৰকাশন, ২০১৭, পৃ. ১০৬-১০৯।

মৰাণ, মৃদুল। "অজিত ছিংনাৰৰ 'গুৰিয়াল' গল্পত প্ৰতিফলিত কাৰ্বি নাৰীৰ সামাজিক স্থিতি." *YouTube*, 22 Mar. 2024, youtu.be/NqAlVX-qwek?si=aBlSvUsOlDiaHNAv. Accessed 9 Apr. 2024.

শৰ্মা, নবীন চন্দ্ৰ। *অসমীয়া লোক-সংস্কৃতিৰ আভাস*। ৫ম সংস্ক., গুৱাহাটীঃ বাণী প্ৰকাশ প্ৰাইভেট লিমিটেড, ২০১১।

হাকাচাম, উপেন ৰাভা। *এহোৱা জনজাতীয় চুটিগল্প*। ১ম সংস্ক., গুৱাহাটীঃ অসম প্ৰকাশন পৰিষদ, ২০১২।

4

প্ৰাৰম্ভিক শিশু পৰিচৰ্যা আৰু শিক্ষাৰ পাঠ্যপুথি হিচাপে নৱকান্ত বৰুৱাৰ 'মোৰ কিতাপ' পদ্যপুথিৰ প্ৰয়োগৰ সম্ভাৱনীয়তাঃ এক বিশ্লেষণ

সাৰাংশ

ৰাষ্ট্ৰীয় শিক্ষানীতি ২০২০ অনুসৰি প্ৰচলিত ১০+২ পদ্ধতিৰ শিক্ষা ব্যৱস্থাৰ পৰিৱৰ্তন ঘটাই নতুন শিক্ষণ পদ্ধতি আৰু পাঠ্যক্ৰমক ৩-১৮ বছৰ বয়সলৈকে সামৰি ৫+৩+৩+৪ আৰ্হিত পুনৰগঠন কৰা হৈছে। ইয়াৰে প্ৰথম পাঁচটা বছৰ আকৌ দুটা ভাগত বিভক্ত— ৩-৬ বছৰ বয়সৰ শিশুক সামৰি তিনি বছৰীয়া শিক্ষা (অংগনবাড়ী/প্ৰাক্-বিদ্যালয়/বালভাটিকা) আৰু ৬-৮ বছৰ বয়সৰ শিশুক সামৰি দুবছৰীয়া শিক্ষা (প্ৰথম আৰু দ্বিতীয় শ্ৰেণী)। ৩-৬ বছৰ বয়সৰ শিশুৰ বাবে যুগুত কৰা শিক্ষাই প্ৰাৰম্ভিক শিশু পৰিচৰ্যা আৰু শিক্ষা (Early Childhood Care and Education)। ৰাষ্ট্ৰীয় শিক্ষানীতি ২০২০১ মতে প্ৰাৰম্ভিক শিশু পৰিচৰ্যা আৰু শিক্ষা (ECCE) হ'ব আদৰ্শগতভাৱে শিথিল, বহুমুখী, বহুস্তৰীয়, খেল-ধেমালিকেন্দ্ৰিক, কাৰ্যভিত্তিক আৰু ন্যায্যতাৰ ভেটিত গঢ়ি উঠা শিকন পদ্ধতি। ইয়াত আখৰৰ তুলনা, ভাষা, সংখ্যাজ্ঞান, গণনা, ৰং, আকৃতি, অন্তৰ্ভাগত আৰু বহিৰ্ভাগত খেলা খেল, খেলিমেলিকৈ থকা বস্তু সজোৱা খেল আৰু যুক্তিসংগত চিন্তন, সমস্যা-সমাধান, ছবি অঁকা, আৰু অন্যান্য ভাৰ্চুৱেল কলা, হস্তকলা, নাটক, পুতলা নাচ, সংগীত আৰু গতিশীলতাৰ দৰে বিষয়সমূহ সংযুক্ত কৰা হ'ব। এই স্তৰৰ ৰাষ্ট্ৰীয় পাঠ্যক্ৰম আৰু শিক্ষণ পদ্ধতিৰ আৰ্হি দুটা স্তৰত NCERT এ প্ৰস্তুত কৰি উলিয়াব। অৱশ্যে ইতিমধ্যে উপলব্ধ বিভিন্ন লেখকে ৰচনা কৰা কেতবোৰ গ্ৰন্থকো আনুষ্ঠানিক আৰু অনানুষ্ঠানিক

দুয়োটা পৰিৱেশতে প্ৰাৰম্ভিক শিশু পৰিচৰ্যা আৰু শিক্ষাৰ পাঠ্যপুথি হিচাপে প্ৰয়োগ কৰিব পৰা যায়। অসমীয়া ভাষাত এনে বিষয়ক পাঠ্যপুথি নথকা নহয়। নৱকান্ত বৰুৱা, নিৰ্মলপ্ৰভা বৰদলৈ, ভৱেন্দ্ৰ নাথ শইকীয়াৰ দৰে শিশু সাহিত্যিকে কম বয়সীয়া শিশুৰ বাবে উপযোগী গ্ৰন্থ ৰচনা কৰি গৈছে। নৱকান্ত বৰুৱাৰ 'মোৰ কিতাপ' (২০০১) তেনে এখন গ্ৰন্থ। লেখকে গ্ৰন্থখন ৰচনা কৰাৰ উদ্দেশ্য সম্পৰ্কে লিখিছে— "এইখন কথা ক'ব পৰা হোৱাৰ পাছত কণমানিটিৰ হাতত তুলি দিব পৰা প্ৰথমখন কিতাপ হওক বুলিয়েই যুগুতোৱা হৈছে।" লেখকে এই গ্ৰন্থখনত বৰ্ণমালাৰ পৰিচয় প্ৰদানকাৰী গীত, নিচুকনি গীত, ওমলা গীত, শিশুপ্ৰেমী অসমীয়া সাহিত্যিকৰ দুই-এটা কোমল আৰু ধেমেলীয়া পদ্য, জিভা-কেঁকুৰি আদিও যোগ কৰিছে। নৱকান্ত বৰুৱাৰ 'মোৰ কিতাপ' নামৰ পদ্যপুথিখনক প্ৰাৰম্ভিক শিশু পৰিচৰ্যা আৰু শিক্ষাৰ অনানুষ্ঠানিক পাঠ্যপুথি হিচাপে প্ৰয়োগ কৰিব পৰা যায়। এই পদ্যপুথিখন শিশুসকলক প্ৰাথমিক শিক্ষাৰ বাবে সাজু কৰি তোলাত সহায়ক হ'ব পাৰে। গগনচন্দ্ৰ অধিকাৰীৰ মতে এই পদ্যপুথিখনক প্ৰাক্-প্ৰাথমিক স্তৰৰ শিশু শিক্ষাৰ এখনি 'শ্ৰাব্য-পুথি' বুলি ক'ব পাৰি। শিশু-সাহিত্য ৰচনাৰ লগতে নৱকান্ত বৰুৱাই শিশুৰ নিমিতে পাঠ্যপুথি প্ৰণয়নো কৰিছিল। ইয়াৰ মাজেদি শিশু শিক্ষাৰ প্ৰতি থকা লেখকৰ দায়বদ্ধতাৰ প্ৰকাশ ঘটিছে। এই গৱেষণা-পত্ৰত নৱকান্ত বৰুৱাৰ 'মোৰ কিতাপ' নামৰ পদ্যপুথিখনক প্ৰাৰম্ভিক শিশু পৰিচৰ্যা আৰু শিক্ষাৰ পাঠ্যপুথি হিচাপে প্ৰয়োগৰ সম্ভাৱনীয়তা সম্পৰ্কে বিশ্লেষণ কৰা হ'ব।

বীজশব্দ: *ECCE, NEP* ২০২০, নৱকান্ত বৰুৱা, মোৰ কিতাপ, শিশু শিক্ষা।

১. অৱতৰণিকা

প্ৰাৰম্ভিক শিশু পৰিচৰ্যা আৰু শিক্ষা (Early Childhood Care and Education)ৰ শিক্ষাৰ্থীসকলৰ বাবে আনুষ্ঠানিক শিক্ষানুষ্ঠানত নিৰ্দিষ্ট পাঠ্যক্ৰম আৰু পাঠ্যপুথি আছে। অৱশ্যে ইতিমধ্যে উপলব্ধ বিভিন্ন লেখকে ৰচনা কৰা কেতবোৰ গ্ৰন্থকো আনুষ্ঠানিক আৰু অনানুষ্ঠানিক দুয়োটা পৰিৱেশতে প্ৰাৰম্ভিক শিশু পৰিচৰ্যা আৰু শিক্ষাৰ পাঠ্যপুথি হিচাপে প্ৰয়োগ কৰিব পৰা যায়। অসমীয়া ভাষাত এনে বিষয়ক পাঠ্যপুথি নথকা নহয়। নৱকান্ত বৰুৱা, নিৰ্মলপ্ৰভা বৰদলৈ, ভৱেন্দ্ৰ নাথ শইকীয়া, ভূপেন হাজৰিকাৰ দৰে সাহিত্যিকে কম বয়সীয়া শিশুৰ বাবে উপযোগী গ্ৰন্থ ৰচনা কৰি গৈছে। এই প্ৰসংগত নৱকান্ত বৰুৱাৰ 'মোৰ কিতাপ'; নিৰ্মলপ্ৰভা বৰদলৈৰ 'অসমীয়া ওমলা গীত', 'সুৰদি মাত'; ভূপেন হাজৰিকাৰ 'ভূপেন মামাৰ গীতে মাতে অ আ ক খ' আদি গ্ৰন্থৰ কথা ক'ব পাৰি। নিৰ্মলপ্ৰভা বৰদলৈয়ে 'অসমীয়া ওমলা গীত'ৰ পাছত 'সুৰদি মাত' পুথি ৰচনা কৰিছিল। এই পুথিখন ৰচনা কৰাৰ উদ্দেশ্য সম্পৰ্কে তেওঁ এনেদৰে লিখিছে— "ওমলাৰ পাছতে এতিয়া পঢ়াৰ সময় আহিল। সেয়ে এইবাৰ লিখিলো "সুৰদি মাত"। ইয়াৰে গাই গাই উমলিবও পাৰিবা, মনটো কল্পনাৰ লাই পাখিৰে উৰণীয়া কৰিবও পাৰিবা, আৰু ৰেহা লগাই অসমীয়া আখৰবোৰ শিকি শিকি অসমীয়া ভাষাটো শিকাতো আগবাঢ়িব পাৰিবা।" (বৰদলৈ ২০০৮: ২৪৮) আখৰ, সংখ্যা আৰু বিভিন্ন ধাৰণা ইত্যাদিৰ প্ৰাথমিক ধাৰণা দিয়াৰ উদ্দেশ্যে ৰচিত এই পুথিসমূহ পদ্যত ৰচিত। সেয়ে এইবোৰক 'পদ্যপুথি' বুলিব পাৰি। 'কবিতা' আৰু 'পদ্য'ৰ মাজত পাৰ্থক্য আছে। এই সম্পৰ্কে শৰ্মাই এনেদৰে কৈছে— কবিতা আৰু পদ্যৰ মাজত পাৰ্থক্য আছে বুলি সাধাৰণতে মানি লোৱা হয়। পদ্যক সুষম ছন্দযুক্ত অৰ্থাৎ দুটা বা ততোধিক শাৰীৰ অন্তিম ধ্বনিৰ মিল থকা লঘুবিধৰ লয়যুক্ত ৰচনা বুলিব পাৰি। পদ্যত অনুভূতি বা আৱেগৰ গাঢ়তা বা শব্দ, ধ্বনিৰ সৃষ্টিশীল প্ৰয়োগতকৈ সহজ-সৰল ভাৱবস্তুৰ সমাৱেশ ঘটে। নীতিশিক্ষামূলক, কাহিনীমূলক, ধেমেলীয়া ইত্যাদি বিভিন্ন ধৰণৰ পদ্য ৰচনা কৰা দেখা যায়। ধ্বনি আৰু শব্দৰ

খেলাও শিশুৰ বাবে উপযোগী পদ্ধতত লক্ষ্য কৰা যায়। (শৰ্মা ২০১৩: ৯২)

'পাঠ্যক্ৰম' আৰু 'পাঠ্যপুথি'— এই শব্দ দুটাৰ অৰ্থ একে নহয়। পাঠ্যক্ৰমত একোটা বিষয়ৰ শিক্ষণীয় কথাবোৰ বাছি লৈ তালিকাভুক্ত কৰি এটা নিৰ্দিষ্ট ক্ৰমত সজাই থোৱা হয়। পাঠ্যপুথি একোখনত সেই শিকিবলগীয়া কথাখিনি বা বিষয়বস্তুখিনি গোটাই, জুকিয়াই ছাত্ৰ-ছাত্ৰীয়ে সহজে পঢ়ি বুজি পোৱাকৈ সজোৱা থাকে। (শৰ্মা ২০১৩: ৪৮) পাঠ্যক্ৰম আৰু পাঠ্যপুথি প্ৰস্তুতকৰণৰ বাবে নিৰ্দিষ্ট একোখন পৰিষদ বা সমিতি থাকে। কিন্তু শিকণৰ প্ৰক্ৰিয়াটো কেৱল আনুষ্ঠানিক পাঠ্যপুথিকেন্দ্ৰিক নহয়। গতিকে আনুষ্ঠানিক পাঠ্যপুথিৰ সমান্তৰালভাৱে অন্য পাঠ্যপুথি বা গ্ৰন্থকো শিকণৰ উদ্দেশ্যত ব্যৱহাৰ কৰিব পাৰি। নৱকান্ত বৰুৱাৰ 'মোৰ কিতাপ' তেনে এখন পুথি। এই গৱেষণা-পত্ৰত নৱকান্ত বৰুৱাৰ 'মোৰ কিতাপ' নামৰ পদ্যপুথিখনক প্ৰাৰম্ভিক শিশু পৰিচৰ্যা আৰু শিক্ষাৰ পাঠ্যপুথি হিচাপে প্ৰয়োগৰ সম্ভাৱনীয়তা সম্পৰ্কে বিশ্লেষণ কৰা হৈছে।

১.১ অধ্যয়নৰ উদ্দেশ্য

এই অধ্যয়নৰ মূল উদ্দেশ্য হৈছে—

- নৱকান্ত বৰুৱাৰ 'মোৰ কিতাপ' পদ্যপুথিৰ প্ৰকৃতি আৰু ৰচনাৰ উদ্দেশ্য সম্পৰ্কে আলোচনা কৰা।
- পদ্যপুথিখনক প্ৰাৰম্ভিক শিশু পৰিচৰ্যা আৰু শিক্ষাৰ পাঠ্যপুথি হিচাপে প্ৰয়োগৰ সম্ভাৱনীয়তা সম্পৰ্কে বিশ্লেষণ কৰা।

১.২ অধ্যয়নৰ পদ্ধতি

বিশ্লেষণাত্মক পদ্ধতিৰে এই আলোচনা-পত্ৰখন প্ৰস্তুত কৰা হৈছে। পদ্যপুথিখনক প্ৰাৰম্ভিক শিশু পৰিচৰ্যা আৰু শিক্ষাৰ পাঠ্যপুথি হিচাপে প্ৰয়োগৰ সম্ভাৱনীয়তা সম্পৰ্কে বিশ্লেষণ কৰিবলৈ যাওঁতে পাঠ্যপুথি প্ৰস্তুতকৰণৰ লগত জড়িত দিশবোৰ সন্মুখত ৰখা হৈছে। বিষয়টো বিশ্লেষণ কৰিবলৈ যাওঁতে শিশু মনস্তত্ত্বৰ লগত জড়িত বিশেষত্বসমূহৰ প্ৰতিও গুৰুত্ব দিয়া হৈছে।

২. ৰাষ্ট্ৰীয় শিক্ষানীতি ২০২০ আৰু প্ৰাৰম্ভিক শিশু পৰিচৰ্যা আৰু শিক্ষা

৩-৬ বছৰ বয়সৰ শিশুৰ বাবে যুগুত কৰা শিক্ষাই প্ৰাৰম্ভিক শিশু পৰিচৰ্যা আৰু শিক্ষা (Early Childhood Care and Education)। ৰাষ্ট্ৰীয় শিক্ষানীতি ২০২০ৰ মতে প্ৰাৰম্ভিক শিশু পৰিচৰ্যা আৰু শিক্ষা (ECCE) হ'ব আদৰ্শগতভাৱে শিথিল, বহুমুখী, বহুস্তৰীয়, খেল-ধেমালিকেন্দ্ৰিক, কাৰ্যভিত্তিক আৰু ন্যায্যতাৰ ভেটিত গঢ়ি উঠা শিকন পদ্ধতি। ইয়াত আখৰৰ তুলনা, ভাষা, সংখ্যাজ্ঞান, গণনা, ৰং, আকৃতি, অন্তৰ্ভাগত আৰু বহিৰ্ভাগত খেলা খেল, খেলিমেলিকৈ থকা বস্তু সজোৱা খেল আৰু যুক্তিসংগত চিন্তন, সমস্যা-সমাধান, ছবি অঁকা, আৰু অন্যান্য ভাৰ্চুৱেল কলা, হস্তকলা, নাটক, পুতলা নাচ, সংগীত আৰু গতিশীলতাৰ দৰে বিষয়সমূহ সংযুক্ত কৰা হ'ব। এই স্তৰৰ ৰাষ্ট্ৰীয় পাঠ্যক্ৰম আৰু শিক্ষণ পদ্ধতিৰ আৰ্হি দুটা স্তৰত NCERTএ প্ৰস্তুত কৰি উলিয়াব। ৰাষ্ট্ৰীয় শিক্ষানীতিখনৰ মতে ৫ বছৰ বয়সৰ আগতে শিশু এটাই গ্ৰহণ কৰা 'প্ৰস্তুতি শ্ৰেণী'ত শিশুৰ বোধশক্তিৰ বিকাশ, কাৰ্যকাৰিতা, আৰু যিকোনো মানসিক-শাৰীৰিক আৰু প্ৰাৰম্ভিক আখৰজ্ঞান আৰু সংখ্যাজ্ঞান প্ৰদানৰ বাবে শিকন কাৰ্য খেল-ধেমালি আধাৰিত হোৱা বাঞ্ছনীয়। প্ৰাৰম্ভিক শিশু পৰিচৰ্যা আৰু শিক্ষাৰ পৰিসৰত স্বতন্ত্ৰভাৱে চলি থকা ক্ষেত্ৰসমূহ; যেনে— (ক) স্বতন্ত্ৰভাৱে চলি থকা অংগনবাড়ী, (খ) অংগনবাড়ীৰ সৈতে সংযুক্ত প্ৰাথমিক

বিদ্যালয়সমূহ, (গ) বর্তমানে চলি থকা প্রাথমিক বিদ্যালয়সমূহৰ সৈতে সংযুক্ত ৫-৬ বছৰলৈ সামৰা প্রাক্-প্রাথমিক বিদ্যালয়/শাখাসমূহ, (ঘ) প্রাৰম্ভিক শিশু পৰিচর্যা আৰু শিক্ষাৰ যিবোৰ স্বতন্ত্র প্রাক্-বিদ্যালয় অনুষ্ঠানত কর্মী বা শিক্ষক নিযুক্তি দিয়া আছে আৰু পাঠ্যক্রম, শিক্ষণ-প্রণালী চলি আছে, সেইবোৰলৈ ইয়াক শক্তিশালীভাৱে সম্প্রসাৰিত কৰাৰ কথা ভবা হৈছে। আনহাতে, জনগোষ্ঠী অধ্যুষিত এলেকাত প্রাৰম্ভিক শিশু পৰিচর্যা আৰু শিক্ষা ব্যৱস্থাই আশ্রমশালা স্থাপন কৰি সকলো বিকল্প শিক্ষা পদ্ধতি পর্যায়ক্রমে সংযোগ কৰাৰ কথা কোৱা হৈছে। ৰাষ্ট্রীয় শিক্ষানীতি ২০২০ অনুসৰি ২০৩০ চনৰ ভিতৰত সকলো শিশুৰ বাবে মানসম্পন্ন প্রাৰম্ভিক শিশু পৰিচর্যা আৰু শিক্ষা নিশ্চিত কৰিব লাগিব। এই লক্ষ্যত উপনীত হ'বৰ বাবে শিক্ষকসকলক পদ্ধতিগতভাৱে প্রশিক্ষণ প্রদান কৰি উপযুক্ত কৰি তোলাৰ এক পৰিকল্পনাও ৰাষ্ট্রীয় শিক্ষানীতিখনে প্রস্তুত কৰি উলিয়াইছে।

ৰাষ্ট্রীয় শিক্ষানীতি ২০২০ অনুসৰি প্রচলিত ১০+২ পদ্ধতিৰ শিক্ষা ব্যৱস্থাৰ পৰিৱর্তন ঘটাই নতুন শিক্ষণ পদ্ধতি আৰু পাঠ্যক্রমক ৩-১৮ বছৰ বয়সলেকে সামৰি ৫+৩+৩+৪ আৰ্হিত পুনৰগঠন কৰা হৈছে। ইয়াৰে প্রথম পাঁচটা বছৰ আকৌ দুটা ভাগত বিভক্ত— ৩-৬ বছৰ বয়সৰ শিশুক সামৰি তিনি বছৰীয়া শিক্ষা (অংগনবাড়ী/প্রাক্-বিদ্যালয়/বালভাটিকা) আৰু ৬-৮ বছৰ বয়সৰ শিশুক সামৰি দুবছৰীয়া শিক্ষা (প্রথম আৰু দ্বিতীয় শ্রেণী)। পূর্বৰ শিক্ষা ব্যৱস্থাত প্রাৰম্ভিক শিশু পৰিচর্যা আৰু শিক্ষা মূল আৰ্হি ১০+২ত অন্তর্ভুক্ত হোৱা নাছিল। নতুন শিক্ষণ আৰু পাঠ্যক্রম সংৰচনা অনুসৰি পোন্ধৰ বছৰীয়া শিক্ষাক চাৰিটা ভাগত ভাগ কৰা হৈছে— পাঁচ বছৰীয়া প্রাৰম্ভিক শিক্ষা [৩-৬ বছৰ বয়সৰ শিশুক সামৰি তিনি বছৰীয়া শিক্ষা (অংগনবাড়ী/প্রাক্-বিদ্যালয়/বালভাটিকা) আৰু ৬-৮ বছৰ বয়সৰ শিশুক সামৰি দুবছৰীয়া শিক্ষা (প্রথম আৰু দ্বিতীয় শ্রেণী)], ৮-১১ বছৰীয়া শিক্ষার্থীক সামৰি তিনি বছৰীয়া প্রস্তুতিমূলক শিক্ষা (তৃতীয়-পঞ্চম শ্রেণী), ১১-১৪ বছৰীয়া শিক্ষার্থীক সামৰি তিনি বছৰীয়া মধ্য শিক্ষা (ষষ্ঠ-অষ্টম শ্রেণী) আৰু ১৪-১৮ বছৰীয়া শিক্ষার্থীক সামৰি চাৰি বছৰীয়া মাধ্যমিক শিক্ষা (নৱম-দ্বাদশ শ্রেণী)।

৩. আলোচনা আৰু ফলাফল

নৰকান্ত বৰুৱাৰ দ্বাৰা ৰচিত 'মোৰ কিতাপ' নামৰ পদ্যপুথিখন ২০০১ চনত প্রকাশ পাইছিল। এই পুথিখন তেখেতৰ 'মোৰ কিতাপ, কিন্তু আনে দিয়ে পঢ়ি' শীর্ষক সৰু পুথি এখনৰ প্রসাৰিত ৰূপ।

তলত মূল বিষয়টোক তিনিটা ভাগত ভাগ কৰি আলোচনা কৰিবলে লোৱা হৈছে— নৰকান্ত বৰুৱাৰ 'মোৰ কিতাপ' নামৰ পদ্যপুথিখন ৰচনাৰ উদ্দেশ্য, পুথিখনৰ প্রকৃতি বা স্বৰূপ আৰু প্রাৰম্ভিক শিশু পৰিচর্যা আৰু শিক্ষাৰ পাঠ্যপুথি হিচাপে 'মোৰ কিতাপ'ৰ প্রয়োগৰ সম্ভাৱনীয়তা।

৩.১ ৰচনাৰ উদ্দেশ্য

'মোৰ কিতাপ' শীর্ষক পুথিখন লিখাৰ উদ্দেশ্য সম্পর্কে নৰকান্ত বৰুৱাই এনেদৰে কৈছে— "এইখন কথা ক'ব পৰা হোৱাৰ পাছত কণমানিটিৰ হাতত তুলি দিব পৰা প্রথমখন কিতাপ হওক বুলিয়েই যুগুতোৱা হৈছে।" (অধিকাৰী ২০১৫: ১৬) বীৰেন্দ্রনাথ দত্তৰ মতে "যিবিলাক শিশোৱে কথা ক'ব পৰা হৈছে, কিন্তু পঢ়িব পৰা হোৱা নাই বা পঢ়া আৰম্ভ কৰিবলে কুৰুং-কাৰাং কৰিছে সেইসকলৰ বাবেহে এইখন কিতাপ। সেই স্তৰৰ শিশোৱে নিজে পঢ়িবলে নহয়, তেনে শিশুক ডাঙৰে পঢ়ি শুনাবলে।" (অধিকাৰী ২০১৫: ৪) গতিকে তেওঁ কিতাপখনক 'শ্রাব্য-পুথি' বুলিছে। গগনচন্দ্র অধিকাৰীৰ মতেও এইখন প্রাক্-প্রাথমিক স্তৰৰ শিশু শিক্ষাৰ এখনি 'শ্রাব্য-পুথি'।

৩.২ প্রকৃতি

তলত নৱকান্ত বৰুৱাৰ 'মোৰ কিতাপ' পদ্যপুথিৰ প্ৰকৃতি সম্পৰ্কে উদাহৰণসহ আলোচনা কৰা হৈছে—

৩.২.১ অসমীয়া আখৰজ্ঞানৰ ধাৰণা প্ৰদান

লেখকে 'মোৰ কিতাপ'ক শিশুক আখৰ শিকোৱা পাঠ্যপুথি নহয় বুলি কৈছে যদিও এই পুথিখন শিশুসকলক অসমীয়া আখৰৰ জ্ঞান দিবলৈ প্ৰয়োগ কৰিব পাৰি। লেখকে ধেমালি বা গীতৰ মাজেদি শিশুসকলক অসমীয়া আখৰৰ জ্ঞান দিবলৈ বিচাৰিছে। লেখকে অসমীয়া আখৰবোৰৰ উচ্চাৰণ, আখৰৰ নাম আৰু অসমীয়া বৰ্ণমালাৰ ক্ৰমটো শিকাবলৈ বিচাৰিছে। ইয়াৰ বাবে তেওঁ শিশুসকলে সততে উমলি থকা খেল-ধেমালিৰ পদ বা গীতৰ সাঁচ ব্যৱহাৰ কৰিছে। ফলত এইখিনি "মন গ'লে সুৰীয়াকৈও আওৰাব পাৰি"। 'অ-আ শিকোৱা গীত'টো তলত উদাহৰণ হিচাপে উল্লেখ কৰা হ'ল—

আহাঁ আহাঁ অকণিহঁত ওচৰতে বহাঁ!

পলকতে তোমালোকক শিকাম অ-আ

অ আ হ্ৰস্ব ই

আৰু দীৰ্ঘ ঈ

হ্ৰস্ব উ দীৰ্ঘ ঊ

তাৰ পিছত ঋ

এ-ৰ পিছত ঐ

আৰু ও-ৰ পিছত ঔ

তোমালোকৰ অ-আখিনি শেষ হ'ল নে নৌ! (অধিকাৰী ২০১৫: ১৭)

ক-খ ফলা শিকাবৰ বাবে প্ৰস্তুত কৰা গীতৰ এটা উদাহৰণ তলত উল্লেখ কৰা হ'ল—

প্ৰথম চ-ই চৰাই ধৰে

চেপা এটা পাতি,

দ্বিতীয় ছ-ই ছাগলীটোৰ

মূৰত ধৰে ছাতি। (অধিকাৰী ২০১৫: ১৯)

অসমীয়া বৰ্ণমালাৰ লগত পৰিচিত কৰাবলৈ ৰচনা কৰা পদ্যসমূহত প্ৰতিটো বৰ্ণৰ বিপৰীতে সেই বৰ্ণৰ প্ৰয়োগ থকা দুটাকৈ শব্দ সংযোগ কৰা হৈছে। ওপৰৰ উদাহৰণটোত 'চ'যুক্ত শব্দ দুটা হৈছে 'চৰাই' আৰু 'চেপা' আৰু 'ছ'যুক্ত শব্দ দুটা হৈছে 'ছাগলী' আৰু 'ছাতি'। লগতে শুনিবলৈ শুৱলা হোৱাকৈ শেষৰ শাৰীৰ শেষৰ বৰ্ণবোৰ মিলাকৈ ব্যৱহাৰ কৰা হৈছে।

ল'ৰা-ছোৱালীয়ে সাধাৰণতে গীত-পদ আওঁৰাই ভাল পায়। শিশুৰ এনে স্বাভাৱিক প্ৰবৃত্তি আৰু আকৰ্ষণৰ প্ৰতি গুৰুত্ব দি নৱকান্ত বৰুৱাই 'মোৰ কিতাপ' পদ্যপুথিত অসমীয়া বৰ্ণমালাৰ পৰিচয় প্ৰদান কৰিছে। শিশু মনস্তত্ত্বৰ প্ৰতি গুৰুত্ব দিয়া পুথিখন শিশুকেন্দ্ৰিক।

৩.২.২ বিভিন্ন সাধাৰণ ধাৰণা প্ৰদান

নৱকান্ত বৰুৱাই পুথিখন কেৱল অসমীয়া আখৰজ্ঞানৰ মাজতে সীমিত কৰি ৰখা নাই। ওখ-চাপৰ, চুটি-দীঘল, ডাঙৰ-সৰুৰ সাধাৰণ ধাৰণা দিয়াৰ যত্নও কৰিছে। ইয়াৰ বাবেও তেওঁ নিচুকনি গীত বা ওমলা গীতত থকা ছন্দৰ সাঁচ প্ৰয়োগ কৰিছে। 'দীঘল-চুটি'ৰ ধাৰণা দিবলৈ যুগুত কৰা পদ্যটো এনে—

বৰটোকোলাৰ ডিঙি দীঘল,

দীঘল তাৰ ঠেং
বিলৰ দাঁতিত থিয় দি থায়
মাছ, শামুক, বেং!
পাতি হাঁহৰ চুটি ঠেং
থপক থপক যায়,
পানীৰ তলত মূৰ গুজি
নাজানো কি থায়! (অধিকাৰী ২০১৫: ২৫)

৩.২.৩ প্ৰাথমিক সংখ্যাজ্ঞান

'মোৰ কিতাপ'ত লেখকে একৰ পৰা দহলৈকে সংখ্যাজ্ঞান দিবলৈও বিচাৰিছে আৰু তাৰ বাবেও পদ্য এটাৰ সহায় লৈছে—

এক দুই তিনি
বাদাম আনিম কিনি
চাৰি পাঁচ ছয়
ভগাই দিম মই
সাত আঠ ন আৰু দহ
—বুলি কৈ
থাই পেলোৱা বাদাম কেইটা
ঠহ ঠহ কৈ! (অধিকাৰী ২০১৫: ২৩)

৩.২.৪ শিশু-উপযোগী পদ্যৰ অন্তৰ্ভুক্তি

নৱকান্ত বৰুৱাই 'মোৰ কিতাপ'ত অসমীয়া আখৰজ্ঞান, সংখ্যাজ্ঞান, বিভিন্ন সাধাৰণ ধাৰণা দিবৰ বাবে নিচুকনি গীত বা ওমলা গীতৰ সাঁচযুক্ত মৌলিক পদ্য অন্তৰ্ভুক্ত কৰিছে। লগতে শিশু-মনৰ উপযোগী আন মৌলিক পদ্যও অন্তৰ্ভুক্ত কৰিছে। যেনে—

ক. টুন টুন টুন টুন টুনি চৰাই,
নথ'বা নথ'বা মোক সজাত ভৰাই,
এৰি দিয়া আকাশলৈ উৰা মাৰি যাওঁ,
বননিত ঘূৰি ফুৰি বনগুটি থাওঁ। (অধিকাৰী ২০১৫: ২৬)

খ. জিকমিক জিকমিক উৰণীয়া তৰা
কেতিয়া আহিলা নামি আকাশৰ পৰা? (অধিকাৰী ২০১৫: ২৭)

নৱকান্ত বৰুৱাই 'মোৰ কিতাপ'ত মিত্ৰদেৱ মহন্ত আৰু চন্দ্ৰধৰ বৰুৱাৰ দ্বাৰা ৰচিত শিশু-উপযোগী কোমল আৰু ধেমেলীয়া পদ্যও অন্তৰ্ভুক্ত কৰিছে। শব্দৰ খেলা থকা এই পদ্যবোৰত ছন্দৰ বিশেষ হিল্লোল আছে। ভাষা শিক্ষণ পৰ্যবেক্ষকসকলৰ মতে প্ৰাথমিক স্তৰৰ ছাত্ৰ-ছাত্ৰীয়ে শব্দৰ খেলা, লয় আৰু ছন্দৰ নিয়মীয়া গতি আৰু সহজ-সৰল অৰ্থৰ বাবে এনে ধৰণৰ পদ্য পঢ়ি ভাল পায়। (শৰ্মা ২০১৩: ৯২) মিত্ৰদেৱ মহন্তই ৰচনা কৰা দুটা 'জিভা-কেঁকুৰি' ("হলৌ উঠিল টকৌ গছত" আৰু "লাও পুলি লৰাই ৰুলোঁ") আৰু অনুপ্ৰাস অলংকাৰযুক্ত 'বগাকৈ বগলী' পদ্যটো 'মোৰ কিতাপ'ত অন্তৰ্ভুক্ত কৰিছে। কথন দক্ষতাৰ বিকাশ সাধনত এনে ধৰণৰ জিভা-কেঁকুৰিৰ অনুশীলনে শিশুসকলক সহায় কৰিব পাৰে। নীৰাজনা মহন্ত বেজবৰুৱাই 'ব্যক্তিত্ব, সুকুমাৰ কৌশল আৰু যোগাযোগ' নামৰ গ্ৰন্থত লিখিছে— "উচ্চাৰণৰ স্পষ্টতা আহৰণৰ বাবে "লাই পুলি লৰাই

ৰুলোঁ, ৰুলোঁ লৰাই লফা”ৰ নিচিনা জিভাৰ ব্যায়াম সাধক বাক্যৰ অনুশীলনৰ বিশেষ কাৰ্যকাৰিতা আছে।” (মহন্ত ২০২১: ৬০)

৩.২.৫ স্থানীয় সংস্কৃতিৰ পৰিচয় প্ৰদান

স্থানীয় সংস্কৃতিৰ পৰা নিলগাই শিশুক শিক্ষা দিয়া অনুচিত। এনে দিশৰ প্ৰতিও নৱকান্ত বৰুৱাই গুৰুত্ব দিছে। সেইবাবে আমাৰ সমাজত প্ৰচলিত নিচুকনি গীত আৰু ওমলা গীতেও পুথিখনত ঠাই পাইছে। তেনে গীতকেইটা হৈছে ‘বগলী এ সবাহলে নগ’লি কিয়’ আৰু ‘শিয়ালী এ নাহিবি ৰাতি’।

আখৰজ্ঞানৰ বাবে ৰচনা কৰা গীতবোৰৰ মাজতো অসমীয়া সংস্কৃতিৰ সমল পোৱা যায়। যেনে—

মধনীয়া ড-ৰ পেটটো ডাঙৰ

বৰ ডবাটোৰ দৰে,

মধনীয়া ঢ-ৰ ঢোলৰ চাপৰ

মাথোঁ ঢপ্ ঢপ্ কৰে। (অধিকাৰী ২০১৫: ১৯)

৩.৩ প্ৰাৰম্ভিক শিশু পৰিচৰ্যা আৰু শিক্ষাৰ পাঠ্যপুথি হিচাপে প্ৰয়োগৰ সম্ভাৱনীয়তা

নৱকান্ত বৰুৱাই ‘মোৰ কিতাপ’ নামৰ পদ্যপুথিখনত অসমীয়া আখৰবোৰৰ উচ্চাৰণ, আখৰৰ নাম আৰু অসমীয়া বৰ্ণমালাৰ ক্ৰম ৰক্ষা কৰি পদ্য অন্তৰ্ভুক্ত কৰিছে। গতিকে শিশুসকলক এই বিষয়ক কথাবোৰ শিকাবলৈ ‘মোৰ কিতাপ’ৰ সহায় ল’ব পাৰি। বৰুৱাই কেৱল আখৰজ্ঞানৰ মাজতে পৰিসৰ সীমিত নাৰাখি একৰ পৰা দহলৈকে সংখ্যাজ্ঞান আৰু কিছুমান সাধাৰণ জ্ঞান বা ধাৰণা দিবলেও যত্ন কৰিছে। এইবোৰৰ জ্ঞানে শিশু এজনক প্ৰাথমিক শিক্ষা গ্ৰহণৰ বাবে সাজু কৰি তুলিব। এই কথা উল্লেখযোগ্য যে, বিভিন্ন চৰকাৰী আৰু বেচৰকাৰী সংস্থাৰ বিভিন্ন ক্ষেত্ৰ অধ্যয়নৰ ফলাফল অনুসৰি প্ৰাথমিক শিক্ষা ব্যৱস্থাত অন্তৰ্ভুক্ত আনুমানিক ৫ কোটিতকৈ অধিক সংখ্যক ছাত্ৰ-ছাত্ৰীৰে প্ৰাথমিক আখৰজ্ঞান আৰু সংখ্যাজ্ঞান; যেনে— পঢ়া, সাধাৰণ পাঠ বুজা, আৰু ভাৰতীয় সংখ্যাৰ প্ৰাথমিক যোগ-বিয়োগৰ জ্ঞান নাই। (ৰাষ্ট্ৰীয় শিক্ষা নীতি ২০২০: ৯) আমাৰ সাহিত্যত উপলব্ধ বিভিন্ন সাহিত্যিকে ৰচনা কৰা পুথি কেতবোৰক প্ৰাৰম্ভিক শিশু পৰিচৰ্যা আৰু শিক্ষাৰ অনানুষ্ঠানিক পাঠ্যপুথি হিচাপে অভিভাৱক আৰু শিক্ষকসকলে প্ৰয়োগ কৰিব পাৰে। ইয়াৰ যোগেদি ছাত্ৰ-ছাত্ৰীৰ প্ৰাথমিক আখৰজ্ঞান আৰু সংখ্যাজ্ঞানত থকা ব্যৱধানসমূহ দূৰ কৰিব পৰা যাব।

প্ৰাৰম্ভিক শিশু পৰিচৰ্যা আৰু শিক্ষাৰ শিক্ষাৰ্থীসকলৰ মানসিক বিকাশৰ এটা মূল বিশেষত্ব হৈছে ক্ৰীড়া প্ৰৱণতা। “খেলাৰ মাধ্যমেৰে শিশুৱে নিজকে আত্মপ্ৰকাশ কৰা পৰিলক্ষিত হয়। সেয়ে শিশুৰ মন সাধাৰণতে ক্ৰীড়াভিমুখী বুলিব পৰা যায়। শিশু অৱস্থাত খেলাৰ মাধ্যমেৰেই এওঁলোকৰ দ্বাৰা সকলো কামেই কৰিব পাৰি। সেয়ে বৰ্তমানে খেলক শিশুৰ মানসিক বিকাশৰ এক উত্তম মাধ্যম ৰূপে বিবেচনা কৰা দেখিবলৈ পোৱা যায়।” (ভূঞা ২০১৮: ২০৪) নৱকান্ত বৰুৱাই শিশুৰ এনে মানসিক বিশেষত্বৰ প্ৰতি গুৰুত্ব প্ৰদান কৰি শিশুসকলে সততে উমলি থকা খেল-ধেমালিৰ পদ বা গীতৰ সংযুতি ব্যৱহাৰ কৰি শিকনৰ উদ্দেশ্য নিহিত হৈ থকা পদ্যবোৰ ৰচনা কৰিছে। ইয়াৰ যোগেদি বৰুৱাৰ ছাত্ৰ-ছাত্ৰীৰ মানসিক স্তৰ আৰু শিকনৰ প্ৰক্ৰিয়া সম্পৰ্কে থকা পৰিচিতিৰ আভাস পোৱা গৈছে।

শিশুৰ মানসিক বিকাশৰ এটা সাধাৰণ বৈশিষ্ট্য হৈছে আত্মকেন্দ্রিকতা। "জন্মৰ এবছৰমান পিছৰ পৰা শিশুৰ সকলো কাম-কাজতে আত্মকেন্দ্রিকতাৰ ভাব প্রকাশ পোৱাটো এক সাধাৰণ লক্ষণ। প্রকৃততে এই সময়ছোৱাত শিশোৱে নিজৰ বাহিৰে আনৰ সুখ-দুখ, আৰাম, ভোক আদি অনুভূতি অনুভৱ কৰিব নোৱাৰে। ফলত এনে ক্ষেত্রত শিশোৱে সকলোতে নিজে অগ্রাধিকাৰ পোৱাটো বিচাৰে বা নিজে নিজৰ অনুভূতিক অগ্রাধিকাৰ দিয়ে। " (ভূঞা ২০১৮: ২০৩) শিশুসকলে প্রায়ে নিজৰ বস্তু আনৰ সৈতে ভগাই ল'ব নিবিচাৰে। এয়া আত্মকেন্দ্রিকতাৰ পৰিণতি। উপযুক্ত পৰিৱেশ আৰু শিক্ষাৰ যোগেদি শিশুৰ এনে মানসিক বিশেষত্বক সলনি কৰিব পাৰি। নৱকান্ত বৰুৱাৰ 'মোৰ কিতাপ'ত এনে প্রচেষ্টা দেখা গৈছে। বিশেষকৈ শিশুৰ সামাজিকীকৰণত গুৰুত্ব প্রদান কৰা বিষয় পদ্যপুথিখনত আছে। প্রাথমিক সংখ্যাজ্ঞান প্রদানৰ বাবে ৰচনা কৰা পদ্যটোত বাদাম ভগাই থোৱাৰ কথা কোৱা হৈছে। এনে সামাজিক আচৰণৰ উল্লেখে শিশুসকলৰ সামাজিকীকৰণত ইতিবাচক ভূমিকা পালন কৰিব পাৰে।

এক দুই তিনি

বাদাম আনিম কিনি

চাৰি পাঁচ ছয়

ভগাই দিম মই (অধিকাৰী ২০১৫: ২৩)

শিশুসকলৰ বাবে বাহিৰৰ জগতখন যথেষ্ট কৌতূহল আৰু আশ্চৰ্যৰ বস্তু। সেয়ে তেওঁলোকে দেখা সকলোবোৰ বস্তুৰ বিষয়ে জানিবলৈ বিচাৰে, প্রশ্ন কৰে। "তিনি বছৰমান বয়সৰ পৰা শিশুৰ প্রশ্ন সোধা পর্ব আৰম্ভ হয়। কাৰণ, জন্মৰ পৰা দেখি অহা বৰণীয়া পৃথিৱীখনৰ বিষয়ে ভাষা নিশিকালৈকে একো জানিব পৰা নাছিল। ভাষাৰ অভাৱ আৰু কৌতূহলৰ অভাৱৰ বাবে একো সুধিব পৰা নাছিল। সেয়েহে তেওঁলোকে এতিয়া প্রশ্ন সুধিবলৈ আৰম্ভ কৰে।" (কাকতি ২০২২: ১২) 'মোৰ কিতাপ'ৰ বিভিন্ন পদ্যত প্রকৃতি জগতৰ অনেক উপাদান সংযোগ কৰা হৈছে। যেনে— বগলী, কুকুৰ, থঁৰা শিয়াল, ঘঁৰিয়াল, ছাগলী, ঝাও বন, কেঞা বন, পুঠি মাছ, কণা মুচৰি, হাতী, থেকেৰা, নাৰিকল, পাৰ চৰাই, টিয়াঁ, জিঞা, শিয়ালী, ডাৱৰ, শিমলু, শগুণ, ষাঁড়, ফৰিং, বৰ পৰুৱা, ভেকুলী, ভেৰা, ম'ৰা, হৰিণা আদি। "এই জগতখন শিশুৰ বৰ আপোন। এই জগতখনক তেওঁলোকে জীৱন্ত চৰিত্ররূপে ভাবে।" (কাকতি ২০২২: ১১) বৰুৱাই শিশুৰ কল্পনাৰে পৰিপূর্ণ জগতখনৰ কথাও কৈছে। সেই জগতখনত থঁৰা শিয়ালৰ জাকে থৰম পিন্ধে, বৰ পৰুৱাই মূৰত বোজা লয় ইত্যাদি।

৪. সামৰণি আৰু পৰামর্শ

এই বিশ্লেষণৰ পৰা দেখা গৈছে যে, নৱকান্ত বৰুৱাই 'মোৰ কিতাপ'ত অসমীয়া আখৰজ্ঞান, সংখ্যাজ্ঞান, বিভিন্ন সাধাৰণ ধাৰণা দিবৰ বাবে নিচুকনি গীত বা ওমলা গীতৰ সাঁচযুক্ত পদ্য, শিশু-মনৰ উপযোগী আন মৌলিক পদ্য আৰু মিত্রদেৱ মহন্ত আৰু চন্দ্রধৰ বৰুৱাৰ দ্বাৰা ৰচিত শিশু-উপযোগী কোমল আৰু ধেমেলীয়া পদ্য অন্তর্ভুক্ত কৰিছে। ধেমালিৰ মাজেৰে শিকনৰ ফলাফল বিচৰা পদ্যখিনি শিশুকেন্দ্রিক। স্থানীয় সংস্কৃতিৰ লগতো পদ্যখিনিয়ে সম্পর্ক ৰক্ষা কৰিছে। 'মোৰ কিতাপ'ৰ পদ্যখিনিৰ লগত শিশুৰ মানসিক বিকাশৰ লগত জড়িত বৈশিষ্ট্যৰো সংগতি আছে। গতিকে নৱকান্ত বৰুৱাৰ 'মোৰ কিতাপ' নামৰ পদ্যপুথিখনক প্রাৰম্ভিক শিশু পৰিচর্যা আৰু শিক্ষাৰ পাঠ্যপুথি হিচাপে প্রয়োগৰ সম্ভাৱনীয়তা আছে।

দন্ত্য, মূর্ধন্য আৰু তালব্য বৰ্ণৰ পৰিচয় দিবলৈ যাওঁতে অৱশ্যে নৰকান্ত বৰুৱাই 'দন্তীয়া', 'মধনীয়া' আৰু 'তালবীয়া' শব্দ ব্যৱহাৰ কৰিছে— "মধনীয়া ট-ৰ টোপোলা তাকৰ/মূৰত ধুনীয়া টুপী", "দন্তীয়া ত-ই হাতীৰ দাঁতত/তেলৰ বটল আঁৰে", "তালবীয়া শ-ই শিমলু গছৰ/শগুণ খেদি দিয়ে" আদি। এই সম্পৰ্কে তেখেতৰ মন্তব্য এনে— "আখৰৰ নাম কওঁতে 'দন্তীয়া মধনীয়া তালবীয়া' আদি শব্দবোৰ দেখি চঁক নাখাব। আপোনালোকে জানেই, সেইবোৰ দন্ত্য, মূর্ধন্য, তালব্য আদি শব্দৰ ঘৰুৱা কথিত ৰূপ। পদ-ধেমালিৰ ভাষাত সংস্কৃত যুক্তাক্ষৰ থাপ খুৱাবলৈ টান, ছন্দটো নাথাকে! এই ছন্দৰ প্ৰাথমিক প্ৰয়োজন উকলি গ'লে, অৰ্থাৎ প্ৰকৃত বৰ্ণ পৰিচয়ৰ সময়ত সংস্কৃত শব্দকেইটা শিক্ষকে শ্ৰেণীত প্ৰয়োজন মতে ব্যৱহাৰ কৰিব। এতিয়াৰখিনি পদ-ধেমালি, পিছৰখিনি শিক্ষা।" (অধিকাৰী ২০১৫: ১৬)

নৰকান্ত বৰুৱাই ছন্দ ৰক্ষাৰ প্ৰয়োজনত দন্ত্য, মূর্ধন্য আৰু তালব্য বৰ্ণৰ পৰিচয় দিওঁতে 'দন্তীয়া', 'মধনীয়া' আৰু 'তালবীয়া' শব্দ প্ৰয়োগ কৰিছে। কিন্তু মূল ৰূপটো ৰাখিলেও ছন্দৰ বিশেষ অৱনতি নঘটিলেহেঁতেন। আকৌ 'দন্তীয়া', 'মধনীয়া' আৰু 'তালবীয়া' ভুল উচ্চাৰণৰ উদাহৰণ। আধুনিক শিশু মনোবিজ্ঞানৰ মতেও শিশুসকলক শিকোৱা কথাবোৰ শুদ্ধ হ'ব লাগে। "পাঠ্যপুথিত উত্থাপন কৰা তথ্যাদি নিৰ্ভুল হোৱা উচিত; কিয়নো সৰহ সংখ্যক ছাত্ৰ-ছাত্ৰীয়ে নিজৰ পাঠ্যপুথিৰ কথাক বেদবাক্য বুলি মানে।" (শৰ্মা ২০১৩: ৫০) গতিকে বৰ্ণৰ পৰিচয় দিবলৈ যাওঁতে ঘৰুৱা কথিত ৰূপ 'দন্তীয়া', 'মধনীয়া' আৰু 'তালবীয়া' পৰিহাৰ কৰি দন্ত্য, মূর্ধন্য আৰু তালব্য শব্দহে ব্যৱহাৰ কৰা যুক্তিসংগত।

বৰ্তমান ইণ্টাৰনেট তথা দূৰদৰ্শন আদিত শিশুক ভাষা, সংখ্যা আৰু বিভিন্ন ধাৰণা প্ৰদানৰ বাবে প্ৰস্তুত কৰা দৃশ্য-শ্ৰাব্য সমল উপলব্ধ। এনে সমলবোৰে শিশুৰ মনক সহজতে আকৰ্ষিত কৰিব পাৰে আৰু এইবোৰৰ যোগেদি শিশুসকলে অনেক কথা শিকিবও পাৰে। এনে পৰিপ্ৰেক্ষিতত কেৱল শ্ৰাব্য সমলৰ আধাৰত শিশুক শিকাবলৈ গ'লে সফল নোহোৱাৰ সম্ভাৱনাও আহি পৰিব। অসমীয়া ভাষাত বিজ্ঞানসন্মতভাৱে তথা শিশু মনস্তত্ত্বৰ প্ৰতি গুৰুত্ব দি প্ৰস্তুত কৰা দৃশ্য-শ্ৰাব্য সমল তেনেই সীমিত। গতিকে যুগৰ লগত সংগতি ৰাখি শিশুৰ বাবে যুগুত কৰা এনে পাঠ্যপুথিসমূহক দৃশ্য-শ্ৰাব্য সমললৈ ৰূপান্তৰ কৰিব পৰা যায়। কিন্তু সেয়া একমাত্ৰ বিকল্প কেতিয়াও হ'ব নালাগে। দৃশ্য-শ্ৰাব্য সমল ব্যৱহাৰৰ লগে লগে বাস্তৱ পৃথিৱীৰ লগতো সম্পৰ্ক স্থাপন কৰি শিকাবলৈ যত্ন কৰিব লাগে।

■■■

সহায়ক গ্ৰন্থপঞ্জী

অধিকাৰী, গগনচন্দ্ৰ (সম্পা.)। *নৰকান্ত বৰুৱাৰ শিশু-সাহিত্য সমগ্ৰ (প্ৰথম খণ্ড)*। গুৱাহাটীঃ অন্বেষা, ২০১৫।

কাকতি, ডালিমা। *শিশুৰ মন আৰু অসমীয়া শিশু-সাহিত্য সমীক্ষা*। গুৱাহাটী ঃ অসম প্ৰকাশন পৰিষদ, ২০২২।

গোস্বামী, যতীন্দ্ৰ নাথ। *মাতৃভাষা শিক্ষণ*। গুৱাহাটীঃ জ্যোতি প্ৰকাশন, ২০১১।

বৰদলৈ, নিৰ্মলপ্ৰভা। *নিৰ্মলপ্ৰভা বৰদলৈৰ শিশু সাহিত্য সম্ভাৰ*। গুৱাহাটীঃ অসম শিশু সাহিত্য ন্যাস, ২০০৮।

বেজবৰুৱা, নীৰাজনা মহন্ত। *ব্যক্তিত্ব, সুকুমাৰ কৌশল আৰু যোগাযোগ*। গুৱাহাটীঃ অসম বুক ট্ৰাষ্ট, ২০২১।

ভূঞা, নয়নমণি। *ভাষা আহৰণ*। গুৱাহাটীঃ পূৰ্বায়ণ, ২০১৮।

শৰ্মা, মদন। *অসমীয়া ভাষা শিক্ষণ পদ্ধতি*। গুৱাহাটীঃ ষ্টুডেন্টচ্ ষ্ট'ৰচ্, ২০১৩।

https://www.edcation.gov.in/sites/upload_files/mhrd/files/nep/2020/ASSAMESE.pdf.

5

শিশু-উপন্যাস 'হেঁপাহৰ চিলাখন'ত প্রতিফলিত ক'ভিদকালীন সমাজ

সাৰাংশ

২০২০ চনত আহি পৰা ক'ভিদ মহামাৰীয়ে মানুহৰ প্রাত্যহিক জীৱনলৈ এক অভূতপূর্ব পৰিৱর্তন আনিলে। লকডাউন, সামাজিক দূৰত্ব আদি বিভিন্ন প্রসংগবোৰে মানৱ সমাজৰ চৰিত্র সলনি কৰিলে। অতিমাৰী অথবা যিকোনো সংকটময় পৰিস্থিতিয়ে বিশ্বৰ মানৱ সমাজক বিভিন্ন ধৰণেৰে প্রভাৱিত কৰি আহিছে। তাৰে এটা বিশেষ দিশ বা ক্ষেত্র হৈছে মানুহৰ সৃষ্টিশীলতা। ইয়াৰ পৰিণতি স্বৰূপে সাহিত্য বা অন্য সুকুমাৰ কলাৰ মাজত সংকটময় পৰিস্থিতিৰ স্বাক্ষৰ কেতবোৰ ৰৈ যায়। তেনে সাহিত্যক 'সংকটৰ সাহিত্য' বুলি আলোচনা কৰা হয়। পৃথিৱীৰ অন্য ভাষা-সাহিত্যৰ দৰে অসমীয়া ভাষা-সাহিত্যতো সংকটৰ সাহিত্য ৰচিত হৈছে। ক'ভিদ অতিমাৰীয়ে অসমীয়া সাহিত্যক, অসমীয়া সাহিত্যিকৰ সৃষ্টিশীলতাক স্পর্শ কৰি থৈ গ'ল। ইয়াৰ কিছুমান নিদর্শন হ'ল— জ্যোতি খাটনিয়াৰ সম্পাদিত গল্প-সংকলন 'পার্ক খুলিছে' (ডিচেম্বৰ, ২০২০), কল্যাণ ভূঞা আৰু প্রকল্প ৰঞ্জন ভাগৱতী সম্পাদিত গল্প-সংকলন 'ক'ভিড সময়ৰ গল্প' (ডিচেম্বৰ, ২০২১), ৰুদ্রাণী শর্মাৰ উপন্যাস 'বতাহৰ ছবি (জুলাই, ২০২১), কল্যাণ ভূঞা আৰু প্রকল্প ৰঞ্জন ভাগৱতী সম্পাদিত কবিতা-সংকলন 'ক'ভিড সময়ৰ কবিতা' (২০২১) আদি। ক'ভিদ অতিমাৰীয়ে অসমীয়া শিশু-সাহিত্যৰ ওপৰতো প্রভাৱ পেলালে। তাৰ বিভিন্ন নিদর্শন বাতৰিকাকতৰ শিশু-পৃষ্ঠা, আলোচনী আদিৰ মাজত সিঁচৰতি হৈ আছে। ক'ভিদ সময়ৰ ছবি প্রকাশিত এখনি বিশেষ উপন্যাস হ'ল 'হেঁপাহৰ চিলাখন (২০২১)। বর্ণনাত্মক আৰু বিশ্লেষণাত্মক পদ্ধতিৰে প্রস্তুত কৰা গৱেষণা-পত্রখনত শিশুৰ বাবে ৰচিত উপন্যাস 'হেঁপাহৰ চিলাখন'ত প্রতিফলিত ক'ভিদকালীন সমাজৰ বিষয়ে বিশ্লেষণ কৰা হৈছে। লগতে শিশু-সাহিত্য আৰু সংকটৰ সাহিত্য হিচাপেও 'হেঁপাহৰ চিলাখন'ৰ বিশ্লেষণ দাঙি ধৰিবলৈ যত্ন কৰা হৈছে। অধ্যয়নৰ তাত্ত্বিক আধাৰ হিচাপে সাহিত্যৰ সমাজতত্ত্বক গ্রহণ কৰা হৈছে।

বীজশব্দঃ ক'ভিদ অতিমাৰী, শিশুৰ পৃথিৱী, শিশু সাহিত্য, সমাজতত্ত্ব, সংকটৰ সাহিত্য, হেঁপাহৰ চিলাখন।

১. আৰম্ভণি

ক'ভিদ মহামাৰীয়ে মানুহৰ প্ৰাত্যহিক জীৱনলৈ এক অভূতপূৰ্ব পৰিৱৰ্তন আনিলে। মানুহৰ জীৱন লকডাউন, সামাজিক দূৰত্ব, অনলাইন শিক্ষা, ৱৰ্ক ফ্ৰম হ'ম আদি বিভিন্ন কাৰকে পৰিচালিত কৰিলে। অতিমাৰী অথবা যিকোনো সংকটময় পৰিস্থিতিয়ে বিশ্বৰ মানৱ সমাজক বিভিন্ন ধৰণেৰে প্ৰভাৱিত কৰে। তাৰে এটা বিশেষ দিশ বা ক্ষেত্ৰ হৈছে মানুহৰ সৃষ্টিশীলতা। ইয়াৰ পৰিণতি স্বৰূপে সাহিত্য বা অন্য সুকুমাৰ কলাৰ মাজত সংকটময় পৰিস্থিতিৰ স্বাক্ষৰ কেতবোৰ ৰৈ যায়। তেনে সাহিত্যক 'সংকটৰ সাহিত্য' বুলি কোৱা হয়। ক'ভিদ অতিমাৰীৰ প্ৰভাৱে অসমীয়া সাহিত্যত 'ক'ভিদ অতিমাৰীকেন্দ্ৰিক সংকটৰ সাহিত্য' কেতবোৰৰ জন্ম দিলে। তাৰ ভিতৰত জ্যোতি থাটনিয়াৰ সম্পাদিত গল্প-সংকলন 'পাৰ্ক খুলিছে' (ডিচেম্বৰ, ২০২০), কল্যাণ ভূঞা আৰু প্ৰকল্প ৰঞ্জন ভাগৱতী সম্পাদিত গল্প-সংকলন 'ক'ভিদ সময়ৰ গল্প' (ডিচেম্বৰ, ২০২১), ৰুদ্ৰাণী শৰ্মাৰ উপন্যাস 'বতাহৰ ছবি' (জুলাই, ২০২১), কল্যাণ ভূঞা আৰু প্ৰকল্প ৰঞ্জন ভাগৱতী সম্পাদিত কবিতা-সংকলন 'ক'ভিদ সময়ৰ কবিতা' (২০২১), ড॰ ৰামন বৰা, ড॰ অংকুৰণ দত্ত আৰু ড॰ অনুপা লহকৰ গোস্বামী আৰু ৰাজা দাসৰ শিশু-উপন্যাস 'হেঁপাহৰ চিলাখন' (২০২১), জয়ন্ত মাধৱ বৰাৰ বিজ্ঞানভিত্তিক শিশু-উপন্যাস 'ৰবট' (২০২১) আদি উল্লেখযোগ্য। এই পত্ৰথনত ই-বুক ৰূপে প্ৰকাশিত 'হেঁপাহৰ চিলাখন' (২০২১) নামৰ শিশু উপযোগী কাহিনীটোত ক'ভিদকালীন সমাজ কিদৰে ৰূপায়িত হৈছে, তাৰ এক অনুসন্ধান কৰা হৈছে। লগতে শিশু-সাহিত্য আৰু সংকটৰ সাহিত্য ৰূপে 'হেঁপাহৰ চিলাখন'ৰ গুৰুত্ব অনুসন্ধানৰ যত্নও কৰা হৈছে।

অসমীয়া শিশু-সাহিত্যৰ ইতিহাসক আলোচনাৰ সুবিধাৰ্থে নয়নমণি বৰুৱাই দুটা বহল ভাগত ভাগ কৰিছে— শিশু-লোকসাহিত্য আৰু লিখিত অসমীয়া শিশু-সাহিত্য। লিখিত শিশু-সাহিত্যৰ অন্তৰ্গত ভাগবোৰ হ'ল—

১. প্ৰাচীন অসমীয়া শিশু-সাহিত্যঃ

ক) প্ৰাক্-বেঙৰ যুগ আৰু

খ) বেঙৰ যুগ।

২. আধুনিক অসমীয়া শিশু-সাহিত্যঃ

ক) মিছনেৰী যুগ বা অৰুণোদই যুগ (১৮৪৬-১৮৭৩)

খ) হেম-গুণাভিৰ যুগ (১৮৭৩-১৮৮৯)

গ) জোনাকী যুগ বা বেজবৰুৱাৰ যুগ (১৮৮৯-১৯৪০)

ঘ) যুদ্ধোত্তৰ যুগ (১৯৪০-১৯৮০)

ঙ) সাম্প্ৰতিক কাল (১৯৮০-২০২০)। (বৰুৱা ২০২১: ৮৪)

সমালোচক বৰুৱাই সাম্প্ৰতিক কালটোক ১৯৮০ চনৰ পৰা ২০২০ চনৰ ভিতৰত সীমিত কৰি ৰাখিছে। এই সময় ১৯৮০ চনৰ পৰা বৰ্তমানলৈ বুলি নিৰ্ধাৰণ কৰি ল'ব পৰা যায়। আমাৰ আলোচ্য উপন্যাস 'হেঁপাহৰ চিলা' (২০২১) সাম্প্ৰতিক কালত প্ৰকাশিত এখন শিশু-উপন্যাস। সাহিত্যৰ ধাৰা অনুসৰি অসমীয়া শিশু-সাহিত্যক নয়নমণি বৰুৱাই নটা ভাগত ভাগ কৰিছে— সাধুকথা, কবিতা, গীত, গল্প, উপন্যাস, নাটক, জীৱনী, ভ্ৰমণ সাহিত্য আৰু বিবিধ বিষয়ক। (বৰুৱা ২০২১: ১৪২-১৬৮) আনহাতে, কৰবী ডেকা হাজৰিকাই অসমীয়া শিশু আৰু কিশোৰৰ

কাৰণে ৰচনা কৰা গদ্য-পদ্য ইত্যাদিক চাৰিটা ভাগত ভাগ কৰি আলোচনা কৰিব পাৰি বুলি কৈছে— কবিতা, কাল্পনিক কাহিনী, নাটিকা আৰু জীৱনী। (হাজৰিকা ২০১৭: ৫২৭) কৰবী ডেকা হাজৰিকাৰ বিভাজনতকৈ নয়নমণি বৰুৱাৰ বিভাজন অধিক স্পষ্ট।

১.১ অধ্যয়নৰ পদ্ধতি

"শিশু উপন্যাস 'হেঁপাহৰ চিলাখন'ত প্ৰতিফলিত ক'ভিদকালীন সমাজ" শীৰ্ষক গৱেষণা-পত্ৰখন যুগুত কৰোঁতে বৰ্ণনাত্মক আৰু বিশ্লেষণাত্মক পদ্ধতি অৱলম্বন কৰা হৈছে। অধ্যয়নৰ বাবে প্ৰয়োজনীয় তথ্যসমূহ প্ৰাথমিক উৎসৰ লগতে গৌণ উৎসৰ পৰা লোৱা হৈছে। গৌণ তথ্যসমূহ বিভিন্ন গ্ৰন্থ আৰু ই-সমলৰ পৰা গ্ৰহণ কৰা হৈছে।

অধ্যয়নৰ বাবে প্ৰধানকৈ তিনিটা দিশ চিনাক্ত কৰি লোৱা হৈছে— 'হেঁপাহৰ চিলাখন'ত প্ৰতিফলিত ক'ভিদকালীন সমাজ, শিশু-সাহিত্য ৰূপে 'হেঁপাহৰ চিলাখন' আৰু 'সংকটৰ সাহিত্য' ৰূপে 'হেঁপাহৰ চিলাখন'। অৱশ্যে মূল আলোচনাৰ পূৰ্বে উপন্যাসখনৰ কাহিনীৰ সংক্ষিপ্ত পৰিচয় দাঙি ধৰা হৈছে।

অধ্যয়নৰ তাত্ত্বিক আধাৰ হ'ল সাহিত্যৰ সমাজতত্ত্ব। সাহিত্যৰ সমাজতত্ত্বই সাহিত্য আৰু সমাজৰ সম্বন্ধ সম্পৰ্কত তিনিটা মূল দৃষ্টিকোণেৰে কাম কৰে—

(১) সাহিত্যৰ মাজত সমাজৰ অনুসন্ধান,

(২) সমাজত সাহিত্যৰ অস্তিত্ব তথা সাহিত্যিকৰ স্থিতি সম্পৰ্কত বিশ্লেষণ আৰু

(৩) সাহিত্যৰ লগত পাঠকৰ সম্পৰ্ক বিশ্লেষণ। (বেজবৰা ২০১১: ৫)

আমাৰ অধ্যয়নত ইয়াৰ প্ৰথমটো দৃষ্টিকোণ ব্যৱহাৰ কৰা হৈছে।

১.২ অধ্যয়নৰ উদ্দেশ্য

"শিশু-উপন্যাস 'হেঁপাহৰ চিলাখন'ত প্ৰতিফলিত ক'ভিদকালীন সমাজ" শীৰ্ষক অধ্যয়নৰ বাবে তিনিটা মূল উদ্দেশ্য চিনাক্ত কৰি লোৱা হৈছে। সেই উদ্দেশ্য তিনিটা হ'ল—

- 'হেঁপাহৰ চিলাখন'ত প্ৰতিফলিত ক'ভিদকালীন সমাজৰ দিশবোৰ চিনাক্ত কৰা।
- শিশু-সাহিত্য ৰূপে উপন্যাসখন বিচাৰ কৰা।
- সংকটৰ সাহিত্য ৰূপে উপন্যাসখন বিচাৰ কৰা।

২. আলোচনা আৰু ফলাফল

শিশুসকলৰ উদ্দেশ্য ৰচিত 'হেঁপাহৰ চিলাখন' (২০২১) শীৰ্ষক উপন্যাসখন ড॰ অনামিকা ৰায় সোঁৱৰণী ন্যাস, সমগ্ৰ শিক্ষা অভিযান আৰু ইউনিচেফ-অসমৰ যৌথ প্ৰয়াসত প্ৰকাশ কৰা হৈছে। উপন্যাসখনৰ গৱেষণা, পৰিকল্পনা আৰু কাহিনী ড॰ ৰামন বৰা, ড॰ অংকুৰণ দত্ত আৰু ড॰ অনুপা লহকৰ গোস্বামী আৰু ৰাজা দাসৰ। চিত্ৰসমূহ অংকন কৰিছে নৱ প্ৰতীম দাসে। গ্ৰন্থখনত বলিন আৰু ৰশ্মিইতৰ কাহিনীৰ মাজেদি শিশুসকলক ক'ভিদ অতিমাৰীৰ সময়ত গ্ৰহণ কৰিবলগীয়া সচেতনতা সম্পৰ্কে ক'বলৈ যত্ন কৰা হৈছে। পুথিখনৰ জন্ম তথা পৰিকল্পনাৰ আঁৰত থকা উদ্দেশ্য সম্পৰ্কে কোৱা হৈছে— "ক'ভিদ অতিমাৰীৰ সময়ত ঘৰত থাকি তোমালোকৰ নিশ্চয় থুউব আমনি লাগিছে। এই সময়ছোৱা কেৱল তোমালোকৰ বাবেই নহয়, আমাৰ সকলোৰে বাবেই দুৰ্যোগৰ সময়। এতিয়া লাহে লাহে তোমালোকৰ স্কুল খুলিছে বা খুলিব। কিন্তু এই অতিমাৰীৰ পৰা সম্পূৰ্ণৰূপে উদ্ধাৰ নোপোৱালৈকে আমি কেতবোৰ নিয়ম মানি চলিব লাগিব। সেই নিয়মবোৰক

আমি ইংৰাজীত ‘নিউ নৰ্মেল’ বুলি কৈছোঁ। এই নিয়মবোৰ যে কেৱল তোমালোকৰ কাৰণেহে প্ৰযোজ্য তেনে নহয়, তোমালোকৰ ঘৰৰ ডাঙৰ সকলেও সতৰ্ক হৈ এনে কেতবোৰ নিয়ম মানি চলিবই লাগিব। ক’ভিদৰ সময়ছোৱাত আমি শাৰীৰিক আৰু মানসিকভাৱে সবল হৈ থাকিবৰ বাবে ‘ড॰ অনামিকা ৰায় সোঁৱৰণী ন্যাসে’ ক’ভিদ কথা, ব্ৰে’ক দ্য ফেক টুনচ, ম’টিভেচ্যন আদি কেইখনমান পুথি প্ৰস্তুত কৰাৰ লগতে তোমালোকৰ কাৰণে এনে এখন পুথি প্ৰস্তুত কৰাৰ কথা কল্পনা কৰিছিল। সেয়ে ইউনিচেফ অসমৰ সহযোগত কাহিনীৰ আকাৰেৰে মনোগ্ৰাহীকৈ তোমালোকক কিছু কথা জনাই থোৱাৰ চেষ্টা কৰা হৈছে। আমি আশা কৰোঁ নতুন নিয়মাৱলী পালনৰ জৰিয়তে তোমালোকেও ক’ভিদ অতিমাৰীক জয় কৰি কুশলে থাকিব পাৰিবা।”

তলত ‘হেঁপাহৰ চিলাখন’ত ক’ভিদকালীন সমাজৰ চিত্ৰ কিদৰে চিত্ৰিত হৈছে, সেই সম্পৰ্কে বিচাৰ কৰা হৈছে। লগতে শিশু-সাহিত্য আৰু সংকটৰ সাহিত্য ৰূপে ‘হেঁপাহৰ চিলাখন’ৰ মূল্য সম্পৰ্কেও সংক্ষিপ্তভাৱে বিচাৰ কৰা হৈছে। মূল আলোচনাৰ পূৰ্বে উপন্যাসখনৰ কাহিনীৰ চমু পৰিচয় আগবঢ়োৱা হৈছে।

২.১ উপন্যাসখনৰ কাহিনী

কাহিনীৰ বৰ্ণনা অনুসৰি ক’ভিদ অতিমাৰীৰ বাবে সকলো বন্ধ। বলিন গাঁৱৰ ল’ৰা। ৰশ্মি তাৰ বৰদেউতাকৰ ছোৱালী। তেওঁলোক থাকে চহৰৰ ফ্লেটত। ৰশ্মি এইকেইদিন থুৰাকইঁৰ ঘৰত আছেহি। আৰম্ভণিতে চহৰতকৈ গাঁৱত ক’ভিদ অতিমাৰীৰ প্ৰভাৱ কমকৈ পৰিছিল। বলিনইঁৰ গাঁওথলো তেনেকুৱাই এখন গাঁও। “ক’ভিদ অতিমাৰীৰ সময়ত সকলো বন্ধ হৈ থাকোঁতেও বলিনইঁতে যে কিমান আনন্দ কৰিছে! তাতে আকৌ বলিনৰ বৰদেউতাকৰ ছোৱালী ৰশ্মি আহিছে। মুকলি পথাৰত দৌৰা, লুকা-ভাকু, চিলা উৰুওৱা কিমান যে খেল-ধেমালি! বলিনইঁতৰ ককাকে আৰামী চকীখনত বহি ৰেডিঅ’ শুনিছে আৰু আইতাকে চাউল জাৰিছে। (বৰা আৰু অন্যান্য ২০২১: ১)

কাহিনীৰ আৰম্ভণিতে বলিন আৰু ৰশ্মিয়ে চিলা এখন মেৰামতি কৰি থকাৰ কথা আছে। এই চিলাখন আচলতে প্ৰতীকধৰ্মী। ক’ভিদ পৰিস্থিতিৰ বাবে সকলো মানুহৰ লগতে শিশুৰ পৃথিৱীখনো স্তব্ধ হৈ পৰিছিল। মুক্ত মনেৰে খেলি-ফুৰি ভাল পোৱা শিশুবোৰে বন্দীৰ দৰে জীৱন কটাবলগীয়া হৈছিল। কিন্তু লাহে লাহে পৰিস্থিতি অলপ সুস্থ হৈছিল। বন্ধ হৈ থকা স্কুলবোৰ লাহে লাহে বিশেষ নিয়মৰ মাজেদি খুলিবলৈ আৰম্ভ কৰিছিল। কাহিনীটোত তেনে এখিনি সময়ৰ কথাই ব্যক্ত হৈছে। ৰেডিঅ’ত স্কুল খোলাৰ কথা শুনি বলিন আৰু ৰশ্মি দুয়ো উৎসাহিত হৈছে। সেই উৎসাহৰ প্ৰতিফলন এনেধৰণৰ—

বলিনঃ বাঃ স্কুল খুলিব, কিমান যে ভাল হ’ব! নিপু-ৰক্তিমইঁতক বহু দিনৰ মূৰত দেখিম।

ৰশ্মিঃ বাঃ বাঃ কিমান ভাল লাগিব! আকৌ স্কুললৈ যাম। ৰুমী মিছইঁতো আহিব। আৰু লগৰ

সব... (বৰা আৰু অন্যান্য ২০২১: ১)

এটা সময়ত ৰশ্মিইঁত নিজৰ ঘৰলৈ যাবলৈ ওলাল। এইবাৰ বলিনো সিইঁতৰ লগত ওলাল। কাৰণ, ক’ভিদ চেন্টাৰ আছিল বাবে সিইঁতৰ স্কুল খুলিবলৈ কেইদিনমান লাগিব। দুদিনমান বলিন আৰু ৰশ্মিয়ে সিইঁতৰ ফ্লেটত আনন্দ কৰিলে। খেলাৰ লগ বিচাৰি মেৰীৰ ওচৰলৈ গৈছিল যদিও মেৰীৰ ককায়েকৰ ক’ভিদ হোৱাৰ বাবে তাইৰ লগত খেলা সম্ভৱ নহ’ল। লাহে লাহে বলিনৰো স্কুল খুলিবৰ হ’ল। ঘৰলৈ যোৱাৰ আগতে দুয়ো হেঁপাহেৰে চিলা উৰুৱালে।

কাহিনীৰ শেষত বলিন-ৰশ্মিয়ে মেৰামতি কৰি থকা চিলাখন উৰাৰ কথা আছে। এই উৰণ প্ৰকৃতিতে প্ৰত্যাহ্বানক আৰোহণ কৰাৰ প্ৰতীকী প্ৰকাশ। এক গভীৰ আশাৰে কাহিনীটোৰ সামৰণি মৰা হৈছে— "বলিন, ৰশ্মিইঁতৰ আশা-উদ্যম কটিয়াই আকাশত উৰিছে হেঁপাহৰ চিলাখন। অতিমাৰীয়েই হওক বা পৃথিৱীৰ আন নানা অপায়-অশুয়া— সকলো দুশ্চিন্তাক যেন কাটি গৈছে দুৰন্ত চিলাখনে। উঠি অহা প্ৰতিটো প্ৰজন্মই যে উলিয়াই লয় সন্মুখৰ প্ৰত্যাহ্বানক আৰোহণ কৰাৰ বাট! (বৰা আৰু অন্যান্য ২০২১: ২০)

২.২ উপন্যাসখনত প্ৰতিফলিত ক'ভিদকালীন সমাজ

কম পৰিসৰৰ হ'লেও উপন্যাসখনৰ মাজত ক'ভিদকালীন সমাজ আৰু তাৰ লগত জড়িত কেইবাটাও দিশৰ প্ৰতিফলন ঘটিছে। তলত তেনে দিশসমূহৰ বিষয়ে আলোচনা কৰা হ'ল—

২.২.১ অনলাইন শিক্ষা আৰু তাৰ লগত জড়িত দিশ

ক'ভিদৰ সময়ছোৱাত পৰম্পৰাগত শিক্ষাদানৰ ব্যৱস্থাবোৰ স্থবিৰ হৈ পৰিছিল। তাৰ ঠাইত অনলাইন শিক্ষাৰ ব্যৱস্থা কৰা হৈছিল। এই শিক্ষা বহু শিক্ষক আৰু ছাত্ৰ-ছাত্ৰীৰ বাবে এক নতুন ব্যৱস্থা আছিল। উপযুক্ত আন্তঃগাঁথনিৰ অভাৱৰ বাবে অনলাইন শিক্ষাৰ সুবিধা সকলোৰে লাভ কৰিব পৰা নাছিল। উপন্যাসখনত চহৰ আৰু গ্ৰাম্যাঞ্চলৰ শিক্ষাৰ্থীসকলে অতিমাৰীৰ সময়ছোৱাত লাভ কৰা অনলাইন শিক্ষা আৰু তাৰ সুবিধা-অসুবিধাবোৰ বলিন-ৰশ্মিৰ কথোপকথনৰ মাজেদি প্ৰকাশ কৰা হৈছে। নেটৱৰ্ক, কাৰেণ্ট আৰু স্মাৰ্টফোনৰ অভাৱৰ বাবে বলিনে অনলাইন ক্লাছ কৰিব পৰা নাছিল। সেয়ে সি কেতিয়াবা মানসিকভাৱে ভাগিও পৰিছিল। বলিন চৰিত্ৰটোৰ যোগেদি এনে সমস্যাত পৰা অনেক ছাত্ৰৰ দুখবোধ প্ৰকাশ পাইছে। অনলাইন শিক্ষাৰ সুবিধাৰ পৰা বঞ্চিত হৈ সি দুখ মনেৰে ৰশ্মিক কৈছে— "তহঁতি কিমান আগবাটি গ'লি! আমাৰ ইয়াত কাৰেণ্টেই নাথাকে, ফোনৰ নেটৱৰ্কতো দূৰৰে কথা।" (বৰা আৰু অন্যান্য ২০২১: ২) বয়সস্থ অনেক লোকৰ অনলাইন ক্লাছ বিষয়ক ধাৰণা নথকা কথাটো বলিনৰ ককাকৰ যোগেদি উপন্যাসখনত প্ৰকাশ কৰা হৈছে—

ক) "অনলাইন ক্লাছ? স্কুললৈ নোযোৱাকৈ সেইটোনো কেনেকুৱা ক্লাছ? (বৰা আৰু অন্যান্য ২০২১: ২)

খ) "ফোনতনো কেনেকৈ ক্লাছ হয় আকৌ?" (বৰা আৰু অন্যান্য ২০২১: ২)

ৰশ্মিইঁতৰ পৰীক্ষাবোৰো অনলাইনতেই হৈছিল। ফোনৰ কেমেৰা অন কৰি সিহঁতে পৰীক্ষা দিব লাগিছিল। স্কুল খোলাৰ পাছতো ৰশ্মিইঁতৰ অনলাইন ক্লাছ চলি আছিল। কাৰণ, স্কুল সপ্তাহত তিনিদিনকৈহে খোলা হৈছিল। কিন্তু বলিনইঁতৰ স্কুলত তেনে ব্যৱস্থা ল'ব পৰা নাছিল। অৱশ্যে সিহঁতক কেইজনমান শিক্ষক-শিক্ষয়িত্ৰীয়ে নামঘৰ, পথাৰ বা জৰি গছৰ তলত মাজে-সময়ে পঢ়া-শুনাৰ সুবিধা কৰি দিছিল। তেওঁলোকৰ কথা মতে টিভি আৰু ৰেডিঅ'ৰ শিক্ষামূলক অনুষ্ঠানবোৰো শুনিছিল সিহঁতে। তথাপিও কাৰেণ্টৰ অভাৱৰ বাবে ৰেডিঅ'টোৱেই আছিল একমাত্ৰ সম্বল।

এইদৰে উপন্যাসখনত ক'ভিদকালীন সময়ত শিক্ষা-ব্যৱস্থালৈ অহা পৰিৱৰ্তন আৰু প্ৰত্যাহ্বানৰ কথা প্ৰকাশ পাইছে।

২.২.২ পৰিৱৰ্তিত জীৱনশৈলী

'হেঁপাহৰ চিলাখন' উপন্যাসত ক'ভিদ অতিমাৰীয়ে জীৱনশৈলীলৈ অনা অনেক পৰিৱৰ্তনৰ কথা পোৱা যায়। সামাজিক দূৰত্ব, কোৱাৰেণ্টাইন, কণ্টেইনমেণ্ট জ'ন, লকডাউন আদিয়ে মানুহৰ জীৱনৰ স্বাভাৱিক ছন্দলৈ পৰিৱৰ্তন আনিছিল। অনলাইন ক্লাছ, অনলাইন পৰীক্ষাৰ মাজদি

শিক্ষাৰ ধাৰাবাহিতা বজাই ৰাখিবলৈ যত্ন কৰা হৈছিল। স্কুলবোৰ ক'ভিড চেন্টাৰ কৰি পেলোৱা হৈছিল। লাহে লাহে স্কুল খুলিছিল যদিও বিদ্যালয়ৰ পৰিৱেশ আগৰ দৰে হৈ নাথাকিল। স্কুল চৌহদত পুৱাৰ প্ৰাৰ্থনা বাদ দিয়া হৈছিল, ক্লাছৰুমত ছাত্ৰ-ছাত্ৰীসকল ফাঁক-ফাঁককৈ বহিব লগা হৈছিল। ছাত্ৰ-ছাত্ৰীসকলক দুটা ভাগত ভাগ কৰি সপ্তাহত তিনিদিনকৈ ক্লাছবোৰ কৰা হৈছিল। খেলাৰ নিয়মবোৰো সম্পূৰ্ণ বেলেগ হৈছিল। মানুহে ঘৰৰ পৰাই অফিচৰ কামবোৰ কৰিছিল। এই দিশবোৰৰ উল্লেখ উপন্যাসখনত পোৱা যায়।

২.২.৩ স্বাস্থ্যৰ প্ৰতি সচেতনতা বৃদ্ধি

ক'ভিড অতিমাৰীৰ সময়ছোৱাত মানুহে পূৰ্বতকৈ অধিক শাৰীৰিক-মানসিক স্বাস্থ্যৰ প্ৰতি গুৰুত্ব দিছিল। ৰশ্মিৰ দেউতাকৰ যোগেদি এই কথা প্ৰকাশ কৰা হৈছে— "ক'ভিড হোৱাৰে পৰা ৰশ্মিৰ দেউতাকে শাৰীৰিক-মানসিক স্বাস্থ্যৰ ওপৰত বৰ গুৰুত্ব দিছে। ক্লেটৰ তলৰ 'লন'খনত ৰাতিপুৱা সোনকালে উঠি যোগাসন কৰাটো এক অভ্যাসত পৰিণত হৈছে।" (বৰা আৰু অন্যান্য ২০২১: ৯)

২.২.৪ চিকিৎসকৰ প্ৰতি নেতিবাচক মানসিকতা

কাহিনীটোৰ মাজেদি ক'ভিডৰ সময়ছোৱাত চিকিৎসকলৰ ত্যাগ আৰু তেওঁলোকৰ প্ৰতি এচাম মানুহৰ কেনে মানসিকতা গঢ়ি উঠিছিল, তাকো প্ৰকাশ কৰা হৈছে ৰশ্মিৰ দেউতাক আৰু ডাঃ আহমেদৰ কথোপকথনৰ যোগেদি—

ৰশ্মিৰ দেউতাকঃ তোমালোকে জানানে, ডাঃ খুৰাই কিমান নিশালৈকে ৰোগী চাব লাগে? ক'ভিড হোৱাৰে পৰা তেওঁকতো দেখা পাবলৈকে নাই!

ডাঃ আহমেদঃ আপোনালোকে আমাৰ কষ্ট বুজি পায়, তাৰ বাবে আমি উৎসাহ পাওঁ। অন্য বহু ঠাইত মানুহে আমাক বেমাৰ কঢ়িয়াই অনা বুলিহে সন্দেহ কৰে! (বৰা আৰু অন্যান্য ২০২১: ৯)

২.২.৫ শিশুৰ স্বাধীনতাপ্ৰিয় মন আৰু ক্ৰীড়া-প্ৰৱণতাত আঘাত

শিশুৰ স্বাধীনতাপ্ৰিয় মন আৰু ক্ৰীড়া-প্ৰৱণতা চৰিত্ৰৰ ওপৰত ক'ভিড অতিমাৰীয়ে এক আঘাত হানিছিল। অৱশ্যে চহৰ আৰু গ্ৰাম্যাঞ্চল অনুসৰি এই আঘাতৰ স্বৰূপ একে নাছিল। চহৰৰ ক্লেটত থকা ৰশ্মিৰ বাবে লকডাউনৰ দিনবোৰ অসহ্যকৰ আছিল। কিন্তু পৰিস্থিতি অলপ ভাললে অহাৰ বাবে তাই তেনে অসহ্যৰ পৰা অলপ সকাহ পাইছে— "লকডাউনৰ সময়ছোৱা ৰশ্মিৰ বাবে অসহ্যকৰ আছিল। এই দুদিনৰ খেল-ধেমালিৰে তাই পুনৰ তজবজীয়া হৈ উঠিল।" (বৰা আৰু অন্যান্য ২০২১: ১১) স্কুল খুলিল যদিও পৰিৱেশ আগৰ দৰে হৈ নাথাকিল। তাৰ এক চমু অথচ পূৰ্ণাংগ বৰ্ণনা কাহিনীটোত সন্নিৱিষ্ট কৰিছে। ক'ভিড পৰিস্থিতিৰ বাবে খেলা-ধূলাৰ নিয়মবোৰ সলনি হ'ল। সেইবোৰ ছাত্ৰ-ছাত্ৰীক পি. টি. ছাৰে বুজাই দিছে আৰু লগতে সুষম-পুষ্টিকৰ আহাৰৰ কথাও ছাত্ৰ-ছাত্ৰীসকলক সোঁৱৰাই দিছে। স্কুল যাবলৈ পালেও ৰশ্মিৰ মন সেমেকি আছিল। কাৰণ, ক্লাছ, খেলা-ধূলাৰ নতুন নিয়মবোৰ আচহুৱা যেন লাগিছিল— "স্কুলৰ পৰা ঘূৰি আহি ৰশ্মিৰ মন সেমেকা। কিমান যে সলনি হৈ গ'ল মৰমৰ স্কুলখন! ক্লাছ কৰা, খেলা-ধূলাৰ নিয়মবোৰেই বৰ আচহুৱা যেন লাগিল।" (বৰা আৰু অন্যান্য ২০২১: ১৬)

২.২.৬ পৰিৱৰ্তিত সময়ে শিশুৰ বৌদ্ধিক দিশলৈ অনা পৰিৱৰ্তন

উপন্যাসখনত ক'ভিডে শিশুৰ বৌদ্ধিক দিশলৈ অনা পৰিৱৰ্তনৰ আভাসো পোৱা যায়। ৰশ্মি আৰু বলিন স্কুলীয়া ছাত্ৰ যদিও সিহঁতে ক'ভিড সম্পৰ্কীয় অনেক কথাই জানে। দুয়োৰে কৌতূহলো যথেষ্ট বেছি। সেইবাবে সিহঁতে এই কথাবোৰ শিকিছে। সিহঁতৰ মুখত আখৈ-ফুটাদি নিয়ম-

কানুনবোৰ শুনি আশা বাইদেউ আৰু আইতাক দুয়ো তবধ মানিছে। আইতাকে ভাবিছে— "এই পেন্দুকণা বয়সতে কিমান যে কথা জানে! অতিমাৰীয়ে সিঁহতক যেন আৰু বুজন কৰি তুলিলে।" (বৰা আৰু অন্যান্য ২০২১: ৬) কাহিনীটোৰ এই থওচিত্ৰই পৰিৱৰ্তিত সময়ে শিশুৰ বৌদ্ধিক দিশলে অনা পৰিৱৰ্তনৰ স্বাক্ষৰ বহন কৰিছে।

২.২.৭ পজিটিভ পেৰেন্টিং

ক'ভিদ পৰিস্থিতিৰ সময়ত শিক্ষক, অভিভাৱক আৰু সন্তানৰ মাজত গটি উঠা ওচৰ সম্পৰ্কৰ কথাও কাহিনীটোৰ মাজত প্ৰকাশ পাইছে। বিশেষকৈ নগৰাঞ্চলত গঢ় লৈ উঠা 'পজিটিভ পেৰেন্টিঙ'ৰ কথা ৰশ্মিৰ মাক আৰু মিঠু আন্টিৰ কথোপকথনৰ মাজেদি প্ৰকাশ পাইছে—

মিঠু আন্টিঃ লকডাউনে আমাক কিন্তু 'পজিটিভ পেৰেন্টিঙ'ৰ শিক্ষা দিলে, নহয়নে? অভিভাৱক আৰু শিক্ষকসকলৰ মাজত যোগাযোগ বাঢ়িল। মই আজিকালি ল'ৰা-ছোৱালীৰ লগত কিবা-কিবি বনাই বৰ ভাল পাওঁ!

ৰশ্মিৰ মাকঃ ঘৰুৱা কাম-কাজতো সহায় কৰি ইহঁতৰ যেন আত্মবিশ্বাস বাঢ়িল!

বলিনঃ আমাৰ গাঁৱত কিন্তু আমি সদায় এইবোৰ কাম কৰোঁ। ভাই-ভনীৰ যত্ন লোৱা, গৰু বিচাৰি অনা আদি...। (বৰা আৰু অন্যান্য ২০২১: ১৯)

২.৩ শিশু-সাহিত্য ৰূপে 'ইঁপাহৰ চিলাখন'

শিশুৰ বাবে ৰচিত সাহিত্যই 'শিশু-সাহিত্য'। 'সাহিত্য' বুলি ক'লে যিবোৰ গুণ বা লক্ষণৰ বিচাৰ কৰা হয়, শিশু-সাহিত্যয়ো কম-বেছি পৰিমাণে একেবোৰ গুণ ধাৰণ কৰে। একেদৰে সাহিত্যৰ ক্ষেত্ৰত থকা বিবিধ ৰূপ, যেনে— গল্প, কবিতা, উপন্যাস, নাটক আদি বিভাজন শিশু-সাহিত্যৰ ক্ষেত্ৰতো একে ধৰণৰ। আন সাহিত্যৰ দৰেই শিশু-সাহিত্যও এক প্ৰকাৰৰ সৃষ্টিশীল সাহিত্য। (বৰুৱা ২০২১: ১৩) পাঠকৰ বয়স, গুণ, বৈশিষ্ট্য আদিৰ আধাৰত এই শ্ৰেণীৰ সাহিত্যৰ নামকৰণ কৰা হৈছে। শিশু-মনোবিজ্ঞানৰ দিশৰ পৰা 'শিশু' অৱস্থাক চাৰিটা ভাগত ভাগ কৰি দেখুৱাব পাৰি—

ক) জন্মৰ আগমুহূৰ্তলৈকে গৰ্ভকালীন পৰ্যায়,

খ) জন্মৰ পৰা ৫ বছৰ বয়সলৈকে,

গ) ৬ বছৰৰ পৰা ১২ বছৰ বয়সলৈকে।

গতিকে তিনি বছৰ বয়সৰ পৰা আৰম্ভ কৰি প্ৰায় বাৰ বছৰ পৰ্যন্ত বয়সৰ শিশুৰ উপযোগীকৈ লিখিত সাহিত্যক 'শিশু-সাহিত্য' আখ্যা দিব পাৰি। আনহাতে, বাৰৰ পৰা ওঁঠৰ বছৰ বয়সৰ পাঠকৰ বাবে লিখা সাহিত্যক 'কিশোৰ-সাহিত্য' বুলিব পাৰি। নয়নমণি বৰুৱাই 'শিশু-সাহিত্য'ৰ লগত জড়িত দুটা বিশেষ দিশ উল্লেখ কৰি লিখিছে— "শিশুৱে ৰচনা কৰা সাহিত্যকো বহু সময়ত শিশু-সাহিত্য আখ্যা দিয়া হয়। কিন্তু এই ধৰণৰ সাহিত্যক শিশুৱে ৰচনা কৰা সাহিত্য বুলিলে ধাৰণাটো অধিক স্পষ্ট কৰিব পৰা যায়। আনহাতে শিশু-সাহিত্য অভিধাৰে শিশুৰ বাবে বয়োজ্যেষ্ঠসকলে নিৰ্বাচন কৰা আৰু শিশুৱে নিজে নিজৰ বাবে নিৰ্বাচন কৰা— এই দুয়ো ধৰণৰ সাহিত্যকো সামৰি লোৱা হয়।" (বৰুৱা ২০২১: ১৪)

'ইঁপাহৰ চিলাখন' শীৰ্ষক উপন্যাসখন এখন শিশু-উপন্যাস। কাৰণ, এই উপন্যাসখনৰ মূল চৰিত্ৰ বলিন আৰু ৰশ্মি স্কুলীয়া ছাত্ৰ আৰু সেই বয়সৰ ল'ৰা-ছোৱালীয়ে বুজিব পৰাকৈ ক'ভিদ বিষয়ক বিভিন্ন কথা কাহিনীৰ মাজেৰে তাত উপস্থাপন কৰা হৈছে।

উপন্যাসখনৰ কাহিনীটো উদ্দেশ্যধৰ্মী যদিও উদ্দেশ্যধৰ্মিতাই 'হেঁপাহৰ চিলাখন'ৰ পঠনীয় গুণ হ্ৰাস কৰিব পৰা নাই। বিশেষকে কথোপকথনৰ যোগেদি আগবঢ়াৰ বাবে কাহিনীটো আকৰ্ষণীয় হৈ উঠিছে। কথোপকথনৰ যথোপযুক্ত প্রয়োগে 'হেঁপাহৰ চিলাখন'ক এক নাটকীয় বিশেষত্ব প্রদান কৰিছে। বলিন আৰু ৰশ্মিইঁতৰ কাহিনী প্রকাশিত গ্রন্থখনত শিশু মনস্তত্ত্বৰ লগত জড়িত দুটা দিশৰ সার্থক প্রকাশ ঘটিছে। সেই দিশ দুটা হ'ল— শিশুৰ স্বাধীনতাপ্রিয় মন আৰু কৌতূহলপ্রিয়তা। ক'ভিদৰ লগত জড়িত বিভিন্ন কথা জনাৰ আগ্রহ বলিন আৰু ৰশ্মিইঁতৰ চৰিত্রৰ মাজেদি প্রকাশ পাইছে। ৰশ্মিইঁতৰ স্লেটত থকা ডাঃ আহমেদক লগ পাই বলিন-ৰশ্মিয়ে ক'ভিদ সম্পর্কীয় প্রশ্ন সুধিছে। কাহিনীটোত শিশুৰ কৌতূহলপ্রিয় বৈশিষ্ট্যক আধাৰ কৰি ক'ভিদ সম্পর্কীয় প্রয়োজনীয় কথাবোৰ ব্যক্ত কৰা হৈছে। বলিন আৰু ৰশ্মিৰ কৌতূহল দেখি ডাঃ আহমেদে খুউব সহজকৈ ক'ভিদ সম্পর্কীয় প্রয়োজনীয় কেইটামান কথা বুজাই দিছে। উপন্যাসখনত ক'ভিদ অতিমাৰীয়ে শিশুক বুজন কৰি তোলাৰ কথাও কৌশলেৰে প্রকাশ কৰা হৈছে।

মনোৰঞ্জনৰ উপাদান নাই যদিও 'হেঁপাহৰ চিলাখন' শিশুৰ মনস্তত্ত্ব আৰু শিক্ষামূলক উপাদানৰ উপস্থিতিৰ বাবে শিশু-সাহিত্য হিচাপে মূল্যযুক্ত হৈ ৰ'ব বুলি আশা কৰিব পাৰি। ক'ভিদৰ লগত জড়িত সাৱধানতাৰ লগতে ইন্টাৰনেট ব্যৱহাৰ কৰোঁতে ল'বলগীয়া সাৱধানতাৰ কথাও উপন্যাসখনত পোৱা যায়— "ইন্টাৰনেটৰ পৰা বহুত সুবিধা হৈছে ঠিকেই। পিছে আমাৰ মিছে কয় ইন্টাৰনেট ব্যৱহাৰ কৰোঁতেও খুব সাৱধান হ'ব লাগে।" (বৰা আৰু অন্যান্য ২০২১: ১৬) ক'ভিদ অতিমাৰীয়ে কিদৰে শিশুৰ মনোজগত আৰু শিক্ষালৈ পৰিৱর্তন-সমস্যা আনিছিল, তাৰ প্রকাশৰ বাবেও 'হেঁপাহৰ চিলাখন'ৰ মূল্য থাকিব। বিজ্ঞান বিষয়ক শিশু উপযোগী গ্রন্থ হিচাপেও 'হেঁপাহৰ চিলাখন' আলোচনা কৰা অৱকাশ আছে।

শান্তনু তামুলীয়ে কেনে উপন্যাসক শিশু-উপন্যাস বুলি ক'ব পাৰি, তাৰ বিষয়ে এনেদৰে লিখিছে— "কেৱল দীঘলীয়াকৈ লিখা গদ্য, পৰিৱেশৰ বৰ্ণনা, চৰিত্রৰ শিশুসুলভ বা উতনুৱা স্বভাৱৰ কৰ্ম-কাণ্ডৰ কাহিনী আদিৰ সমষ্টিয়েই 'উপন্যাস' হ'ব নোৱাৰে। কাহিনীৰ স্বাভাৱিক ঘটনা প্রবাহ আৰু প্রভাৱশালী পৰিণতিক উপেক্ষা কৰা থৱচিত্র কিছুমানৰ সমষ্টিয়েই 'উপন্যাস' নহয়। জীৱন-যাত্রাত মুখামুখি হোৱা বিভিন্ন ঘটনা আৰু প্রভাৱ বিস্তাৰ কৰিব পৰা কাহিনীৰ শৃংখলিত উপস্থাপনে একোখন সফল উপন্যাস সৃষ্টি কৰে। 'শিশু-উপন্যাস'ৰো চৰিত্র এনে হোৱা উচিত। শিশুৰ দৈনন্দিন জীৱন, বিদ্যালয়ৰ জীৱন, গ্রাম্য জীৱনৰ সৰলতা, নগৰীয়া জীৱনৰ ৰুক্ষতা (ধৰি লোৱা), ঘৰখনৰ কার্য-কলাপ আদিৰ বৰ্ণনা আৰু তেনে ধৰণৰ ডুথৰীয়া ছবিবোৰৰ মাজত শিশুৰ আৱেগ, অনুভূতি, শিশোৰে বাস কৰা সমাজখনৰ দুখ-আনন্দ আৰু জীৱনবোধৰ ছবি যদিহে ফুটি নুঠে, তেনেহ'লে তেনে সাহিত্য 'উপন্যাস'ৰ শাৰীলৈ উন্নীত নহয়।" (তামুলী ২০১০: ৩৮) 'হেঁপাহৰ চিলাখন'ত গাঁও আৰু নগৰৰ দুটা চৰিত্র বলিন আৰু ৰশ্মিৰ যোগেদি ক'ভিদকালীন সময়ৰ শিশুৰ দৈনন্দিন জীৱন আৰু বিদ্যালয়ৰ জীৱন প্রকাশ পাইছে। এই দিশেৰে 'হেঁপাহৰ চিলাখন' এখন সার্থক 'শিশু-উপন্যাস'।

শিশু-সাহিত্যৰ লগত জড়িত এটা বিশেষ দিশ হৈছে চিত্রায়ন। শিশু-সাহিত্যত চিত্রায়নৰ গুৰুত্ব সম্পর্কে শান্তনু তামুলীয়ে লিখিছে— "ছবিয়ে বুজাত সহায় কৰে। কেৱল শব্দৰে শিশোৰে বুজাকে বৰ্ণনা কৰিব পৰা নাযায়। অধিক বৰ্ণনাই শিশুৰ ধৈর্যচ্যুতি ঘটায়। ...ভাষা আৰু ছবিয়ে শিশুৰ মনত অনুভূতি দিয়ে আৰু কল্পনাত প্রাণ সঞ্চাৰ কৰে। সফল চিত্রায়নে পাঠৰ উৎকর্ষ সাধন কৰি নতুন মাত্রা প্রদান কৰে; শিশু-সাহিত্যক ৰসাল আৰু বৈচিত্র্যময় কৰি তোলে। চিত্রায়নে শিশু-

সাহিত্যৰ বৈশিষ্ট্য প্রদান কৰে আৰু শিশু সাহিত্য এক পৃথক আকর্ষণ হৈ পৰে। চিত্রায়িত শিশু সাহিত্যই সাহিত্যিক আৰু নান্দনিক মূল্যৰ সংযোজন ঘটায় শিশু-সাহিত্যৰ এক সুকীয়া মাত্রা প্রদান কৰে।" (তামূলী ২০১০: ৬৯-৭০) 'হেঁপাহৰ চিলাখন'ত ব্যৱহাৰ কৰা স্পষ্ট আৰু ৰঙীণ চিত্রসমূহে গ্রন্থখন আকর্ষণীয় কৰি তুলিছে। উপন্যাসখনৰ ছবিসমূহ অংকন কৰিছে নৱ প্রতীম দাসে। উল্লেখযোগ্য যে, নৱ প্রতীম দাসে 'কিৰণ তামূলী শিশু-সাহিত্য ন্যাসে' প্রদান কৰা 'অলংকৰণ বঁটা, ২০২২' লাভ কৰিছে। তেওঁ এই বঁটা 'মই হাড়গিলা', 'বাঘ আৰু মানুহ' আৰু 'কাজিৰঙাত অঘটন' নামৰ গ্রন্থৰ অলংকৰণৰ বাবে লাভ কৰিছে।

২.৪ সংকটৰ সাহিত্য ৰূপে 'হেঁপাহৰ চিলাখন'

অতিমাৰী অথবা যিকোনো সংকটময় পৰিস্থিতিয়ে বিশ্বৰ মানৱ সমাজক বিভিন্ন ধৰণেৰে প্রভাৱিত কৰি আহিছে। তাৰে এটা বিশেষ দিশ বা ক্ষেত্র হৈছে মানুহৰ সৃষ্টিশীলতা। ইয়াৰ পৰিণতি স্বৰূপে সাহিত্য বা অন্য সুকুমাৰ কলাৰ মাজত সংকটময় পৰিস্থিতিৰ স্বাক্ষৰ কেতবোৰ ৰৈ যায়। তেনে সাহিত্যক 'সংকটৰ সাহিত্য' বুলি আলোচনা কৰা হয়। অতিমাৰীৰ দৰে সংকটময় পৰিস্থিতিৰ চিত্র প্রতিফলিত হোৱা সাহিত্যক 'অতিমাৰীকেন্দ্রিক সাহিত্য' বা 'মহামাৰীকেন্দ্রিক সাহিত্য' বুলিও আলোচনা কৰা হয়। বিশ্ব-সাহিত্যৰ ইতিহাসলৈ লক্ষ্য কৰিলে অতিমাৰীকেন্দ্রিক বিভিন্ন সাহিত্য পৰিলক্ষিত হয়। যেনে— Albert Camus-ৰ 'The Plague', Gabriel Garcia Marquez-ৰ 'Love in the Time of Cholera', 'One Hundred Years of Solitude', Saramago-ৰ 'Blindness' আদি। বাংলা ভাষাত মহামাৰীকেন্দ্রিক ভালেখিনি উপন্যাস ৰচিত হৈছে। যেনে— বঙ্কিমচন্দ্র চট্টোপাধ্যায়ৰ 'আনন্দমঠ', ৰবীন্দ্রনাথ ঠাকুৰৰ 'চতুৰঙ্গ', শৰৎচন্দ্র চট্টোপাধ্যায়ৰ 'শ্রীকান্ত' আৰু 'পণ্ডিতমশাই', বিভূতিভূষণ বন্দ্যোপাধ্যায়ৰ 'আৰণ্যক', তাৰাশঙ্কৰ বন্দ্যোপাধ্যায়ৰ 'ধাত্রীদেৱতা' আৰু 'গণদেৱতা', মাণিক বন্দ্যোপাধ্যায়ৰ 'পুতুল নাচেৰ ইতিকথা', জহিৰ ৰায়হানৰ 'হাজাৰ বছৰ ধৰে' আদি। (নোমান ২০২০) অসমীয়া ভাষাতো মহামাৰীকেন্দ্রিক উপন্যাস ৰচিত হৈছে। ধ্রুৱজ্যোতি বৰাৰ 'আজাৰ' উপন্যাসত কলাজ্বৰৰ কথা পোৱা যায়। ২০২০ চনত আহি পৰা ক'ভিড অতিমাৰীয়ে অসমীয়া সাহিত্যক, অসমীয়া সাহিত্যিকৰ সৃষ্টিশীলতাক স্পৰ্শ কৰি থৈ গ'ল। ইয়াৰ কিছুমান নিদৰ্শন হ'ল— জ্যোতি থাটনিয়াৰ সম্পাদিত গল্প-সংকলন 'পাৰ্ক খুলিছে' (ডিচেম্বৰ, ২০২০), কল্যাণ ভূঞা আৰু প্রকল্প ৰঞ্জন ভাগৱতী সম্পাদিত গল্প-সংকলন 'ক'ভিড সময়ৰ গল্প' (ডিচেম্বৰ, ২০২১), ৰুদ্রাণী শর্মাৰ উপন্যাস 'বতাহৰ ছবি' (জুলাই, ২০২১), কল্যাণ ভূঞা আৰু প্রকল্প ৰঞ্জন ভাগৱতী সম্পাদিত কবিতা-সংকলন 'ক'ভিড সময়ৰ কবিতা' (২০২১) আদি। 'ক'ভিড সময়ৰ গল্প'ৰ পাতনিত সম্পাদকদ্বয়ে লিখিছে— "সাম্প্রতিক সংকলনটিৰ গল্পসমূহত কোভিড ১৯ অতিমাৰীয়ে ব্যক্তি জীৱন, সমাজ, শিক্ষা, অর্থনীতি আদিত সৃষ্টি কৰা অভূতপূর্ব পৰিস্থিতিৰ প্রতিফলন ঘটিছে। সাহিত্যক যদি সমাজ আৰু সময়ৰ দলিল বুলি ধৰা হয়, তেন্তে এই সংকলনৰ গল্পসমূহ কোভিড সময়ৰ এক নির্ভৰযোগ্য দলিল হৈ উঠিছে বুলি ক'ব পাৰি। গল্পকাৰসকলে নিষ্ঠাৰে সৈতে কোভিড সময়ৰ বিভিন্ন দৃশ্যৰাজি তেওঁলোকৰ গল্পত ধৰি ৰাখিবলৈ সক্ষম হৈছে। এহাতে অতিমাৰীয়ে সৃষ্টি কৰা ভয়, শংকা, উদ্বেগ আৰু আনহাতে এই পৰিস্থিতিক জয় কৰাৰ অদম্য ইচ্ছা, আকাংক্ষাৰ মানৱিক ছবি গল্পসমূহত আমি দেখিবলৈ পাওঁ।" (ভূঞা আৰু ভাগৱতী ২০২১: ৫) ক'ভিড অতিমাৰীয়ে অসমীয়া শিশু-সাহিত্যৰ ওপৰতো প্রভাৱ পেলালে। তাৰ বিভিন্ন নিদৰ্শন বাতৰিকাকতৰ শিশু-পৃষ্ঠা, শিশু-আলোচনী আদিৰ মাজত সিঁচৰতি হৈ আছে। ক'ভিড সময়ৰ ছবি প্রকাশিত এথনি বিশেষ শিশু-উপন্যাস হ'ল

‘হেঁপাহৰ চিলাখন’ (২০২১)। ড॰ অনামিকা ৰায় সোঁৱৰণী ন্যাস, সমগ্ৰ শিক্ষা অভিযান আৰু ইউনিচেফ-অসমৰ যৌথ প্ৰয়াসত প্ৰকাশ কৰা উপন্যাসখনৰ গৱেষণা, পৰিকল্পনা আৰু কাহিনী ড॰ ৰামন বৰা, ড॰ অংকুৰণ দত্ত আৰু ড॰ অনুপা লহকৰ গোস্বামী আৰু ৰাজা দাসৰ। জয়ন্ত মাধৱ বৰাৰ কল্পবিজ্ঞানভিত্তিক শিশু-উপন্যাস ‘ৰবট’ৰ মাজতো ক’ভিদ সময়ৰ কথা পোৱা যায়। এই উপন্যাসখন ২০২১ চনত প্ৰকাশ পাইছিল।

‘হেঁপাহৰ চিলাখন’ উপন্যাসক ‘সংকটৰ সাহিত্য’ হিচাপে গ্ৰহণ কৰিব পাৰি। ইয়াৰ কাৰণসমূহ তলত সংক্ষেপে উল্লেখ কৰা হ’ল—

- উপন্যাসখনৰ কাহিনী বা বিষয়বস্তু ক’ভিদ অতিমাৰীক কেন্দ্ৰ কৰি গঢ় লৈ উঠিছে।
- উপন্যাসখনত ক’ভিদ অতিমাৰীয়ে শিক্ষা ব্যৱস্থালৈ অনা পৰিৱৰ্তন আৰু বৈষম্যৰ কথা আছে।
- উপন্যাসখনত শিশুৰ স্বাভাৱিক জীৱন-প্ৰৱাহত ক’ভিদ অতিমাৰীয়ে পেলোৱা প্ৰভাৱৰ কথা আছে।
- কাহিনীটোৰ মাজত সংক্ষিপ্তভাৱে ‘পজিটিভ পেৰেন্টিঙ’ৰ কথাও আছে। নগৰীয়া সমাজ-জীৱনত অতিমাৰীৰ সময়ছোৱাত এনে পৰিৱৰ্তন কেতবোৰ আহি পৰিছিল।
- ক’ভিদৰ সময়ছোৱাত বিশ্বৰ অন্যান্য ঠাইৰ লগতে অসমতো মুদ্ৰিত কাকত-আলোচনী আৰু গ্ৰন্থৰ প্ৰকাশ বন্ধ হৈ গৈছিল। ‘হেঁপাহৰ চিলাখন’ ই-বুক ৰূপে প্ৰকাশিত শিশু-উপন্যাস। এই উপন্যাসখনে ক’ভিদ অতিমাৰীয়ে অসমীয়া গ্ৰন্থৰ প্ৰকাশলৈ অনা পৰিৱৰ্তন প্ৰকাশ কৰিছে। সাহিত্যৰ সমাজতত্ত্বই সাহিত্যক এক উৎপাদনৰ ৰূপত লয়। (বেজবৰা ২০১১: ১৮) ক’ভিদ অতিমাৰীয়ে সাহিত্যৰ উৎপাদন প্ৰক্ৰিয়াত বিশেষ প্ৰভাৱ পেলাইছিল। সেইবাবে ছপা ৰূপৰ সলনি বৈদ্যুতিন ৰূপত কাকত-আলোচনী বা গ্ৰন্থ প্ৰকাশ কৰা হৈছিল।

উপন্যাসখন প্ৰকাশৰ সময়ত ক’ভিদৰ প্ৰতিষেধক উদ্ভাৱন হোৱা নাছিল। কিন্তু মানুহে যে এই ৰোগক এদিন পৰাস্ত কৰিব পাৰিব, সেই আশা ব্যক্ত হৈছে। লগতে ক’ভিদক পৰাস্ত কৰিবৰ বাবে কিহৰ প্ৰয়োজন, তাকো কোৱা হৈছে ‘ৰুমী মিছ’ চৰিত্ৰৰ যোগেদি— “...ক’ভিদ-১৯কো আমি পৰাস্ত কৰিম। মনত ৰাখিবা, অস্তিত্বৰ এই সংগ্ৰামত আমাৰ একমাত্ৰ সাৰথি হৈছে বৈজ্ঞানিক মানসিকতা।” (বৰা আৰু অন্যান্য ২০২১: ২০)

৩. উপসংহাৰ

“শিশু-উপন্যাস ‘হেঁপাহৰ চিলাখন’ত প্ৰতিফলিত ক’ভিদকালীন সমাজ” শীৰ্ষক অধ্যয়নৰ অন্তত আমি কিছুমান সিদ্ধান্তত উপনীত হ’ব পাৰোঁ। তলত সেইবোৰ সংক্ষেপে উল্লেখ কৰা হ’ল—

- শিশু-উপন্যাস ‘হেঁপাহৰ চিলাখন’ ক’ভিদকালীন সময় এছোৱাৰ এক দলিলস্বৰূপ। কাৰণ, উপন্যাসখনত ক’ভিদকালীন সময়ৰ সমাজৰ বিভিন্ন দিশ প্ৰকাশ পাইছে। যেনে— অনলাইন শিক্ষা আৰু তাৰ লগত জড়িত দিশ, পৰিৱৰ্তিত জীৱনশৈলী, স্বাস্থ্যৰ প্ৰতি সচেতনতা বৃদ্ধি, চিকিৎসকৰ প্ৰতি নেতিবাচক মানসিকতা, শিশুৰ স্বাধীনতাপ্ৰিয় মন আৰু ক্ৰীড়া-প্ৰৱণতাত আঘাত, পৰিৱৰ্তিত সময়ে শিশুৰ বৌদ্ধিক দিশলে অনা পৰিৱৰ্তন আৰু পজিটিভ পেৰেন্টিং।
- ক’ভিদ মহামাৰীৰ সংকটময় পৰিস্থিতিয়ে সমাজ আলোড়িত কৰি সৃষ্টিশীল মানসিকতাক প্ৰভাৱান্বিত কৰিছিল। তাৰ এক প্ৰতিনিধিত্বমূলক প্ৰতিচ্ছবি ‘হেঁপাহৰ চিলাখন’ত পোৱা যায়।

সেইবাবে অসমীয়াত ৰচিত ক'ভিদ মহামাৰীকেন্দ্ৰিক সাহিত্য বা সংকটৰ সাহিত্য হিচাপে এই শিশু-উপন্যাসখনৰ মূল্য আছে।

- ক'ভিদৰ সময়ছোৱাত বিশ্বৰ অন্যান্য ঠাইৰ লগতে অসমতো মুদ্ৰিত কাকত-আলোচনী আৰু গ্ৰন্থৰ প্ৰকাশ বন্ধ হৈ গৈছিল। 'হেঁপাহৰ চিলাখন' ই-বুক ৰূপে প্ৰকাশ কৰা হৈছিল। ক'ভিদ মহামাৰীয়ে অসমীয়া গ্ৰন্থৰ প্ৰকাশলৈ অনা পৰিৱৰ্তনৰ এক স্বাক্ষৰো এই উপন্যাসখনে বহন কৰিছে।

- উপন্যাসখন শিশুৰ বাবে ৰচিত। ইয়াৰ মূল চৰিত্ৰও শিশু। উপন্যাসখনত বলিন আৰু ৰশ্মি চৰিত্ৰৰ যোগেদি ক'ভিদ সম্পৰ্কীয় কথা শিশুসকলক জনাবলৈ বিচৰা হৈছে। উপন্যাসখন উদ্দেশ্যধৰ্মী যদিও কথোপকথন-শৈলীৰ প্ৰয়োগ, শিশু-মনস্তত্ত্বৰ প্ৰকাশ আৰু স্পষ্ট আৰু ৰঙীণ চিত্ৰৰ উপস্থিতিৰ বাবে আকৰ্ষণীয়।

৪. ভৱিষ্যৎ অধ্যয়নৰ সম্ভাৱনীয়তা

এই পত্ৰত শিশু-উপন্যাস 'হেঁপাহৰ চিলাখন'ত প্ৰতিফলিত ক'ভিদকালীন সমাজ, শিশু-সাহিত্য ৰূপে 'হেঁপাহৰ চিলাখন' আৰু সংকটৰ সাহিত্য ৰূপে 'হেঁপাহৰ চিলাখন'ৰ বিষয়ে আলোচনা কৰা হ'ল। ভৱিষ্যতে এনে বিষয়ৰ লগত জড়িত আৰু অধিক অধ্যয়ন আগবঢ়াই নিব পাৰি। তলত ভৱিষ্যৎ অধ্যয়নৰ লগত জড়িত তেনে দুটা দিশ চিনাক্ত কৰি উল্লেখ কৰা হ'ল—

- বিজ্ঞান-সাহিত্য হিচাপে উপন্যাসখন অধ্যয়নৰ অৱকাশ আছে।

- বহল পৰিসৰত 'ক'ভিদ মহামাৰীকেন্দ্ৰিক অসমীয়া সাহিত্য' বা 'সংকটৰ সাহিত্য' সম্পৰ্কে অধ্যয়ন কৰিব পাৰি।

∎∎∎

সহায়ক গ্ৰন্থপঞ্জী

থাটনিয়াৰ, জ্যোতি (সম্পা.)। *পাৰ্ক খুলিছে*। যোৰহাটঃ অসম সাহিত্য সভা, ২০২০।

তামুলী, শান্তনু। *অসমীয়া শিশু সাহিত্য সমীক্ষা*। যোৰহাটঃ মৌচাক প্ৰকাশন, ২০১০।

নোমান, স্বকৃত। "বাংলা উপন্যাসে মহামাৰি", ২০ মে, ২০২০, www.banglatribune.com।

বৰা, জয়ন্ত মাধৱ। *ৰবটা*। গুৱাহাটীঃ বনলতা, ২০২১।

বৰা, ৰামেন আৰু অন্যান্য। *হেঁপাহৰ চিলাখন*। গুৱাহাটীঃ ড॰ অনামিকা ৰায় সোঁৱৰণী ন্যাস, সমগ্ৰ শিক্ষা অভিযান আৰু ইউনিচেফ-অসম, ২০২১।

বৰুৱা, নয়নমণি। *অসমীয়া শিশু-সাহিত্য*। গুৱাহাটীঃ পূৰ্বায়ণ প্ৰকাশন, ২০২১।

বেজবৰুৱা, নীৰাজনা মহন্ত। *সাহিত্যৰ সমাজতত্ত্বঃ সিদ্ধান্ত আৰু প্ৰয়োগ*। ডিব্ৰুগড়ঃ বনলতা, ২০১১।

ভূঞা, কল্যাণ আৰু প্ৰকল্প ৰঞ্জন ভাগৱতী (সম্পা.)। *ক'ভিদ সময়ৰ গল্প*। গুৱাহাটীঃ অসম পাবলিচিং কোম্পানী, ২০২১।

শইকীয়া, সচ্চিদানন্দ। *সাহিত্যৰ সমাজতত্ত্ব*। ডিব্ৰুগড়ঃ অসমীয়া বিভাগ, খোৱাং মহাবিদ্যালয়, ২০১৯।

হাজৰিকা, কৰবী ডেকা। "শিশু আৰু কিশোৰ সাহিত্য", হোমেন বৰগোহাঞি সম্পাদিত অসমীয়া সাহিত্যৰ বুৰঞ্জী (ষষ্ঠ খণ্ড)। গুৱাহাটীঃ আনন্দৰাম বৰুৱা ভাষা-কলা-সংস্কৃতি সংস্থা, ২০১৭, পৃ. ৫২৭-৫৪৭।

6

চন্দ্ৰকুমাৰ আগৰৱালাৰ 'প্ৰকৃতি' কবিতাঃ এক অধ্যয়ন

সাৰাংশ

জোনাকী যুগৰ ত্ৰিমূৰ্তিৰ অন্যতম চন্দ্ৰকুমাৰ আগৰৱালাৰ (১৮৬৭-১৯৩৮) প্ৰকৃতি বিষয়ক কবিতাসমূহৰ ভিতৰত 'প্ৰকৃতি' এটা উল্লেখযোগ্য কবিতা। কবিতাটোত কবিয়ে জীৱনৰ অস্থায়িত্ব, জীৱনৰ ক্ষন্তেকীয়া প্ৰকৃতি বা স্বভাৱ আৰু প্ৰকৃতিৰ (Nature) চিৰন্তন উপস্থিতিৰ বিষয়ে সন্ধান কৰিছে। এই গৱেষণা-পত্ৰত 'প্ৰতিমা' (১৯১৪) কাব্য সংকলনৰ অন্তৰ্গত কবিতাটোৰ বিষয়বস্তু আৰু কবিতাটোৰ কাব্যিক সৌন্দৰ্যৰ অংশ হিচাপে কবিতাটোত ব্যৱহৃত চিত্ৰকল্প-প্ৰতীক, উপমা আৰু ছন্দৰ বিষয়ে আলোচনা কৰা হৈছে। এই আলোচনাৰ পৰা দেখা গৈছে যে কবি চন্দ্ৰকুমাৰ আগৰৱালাই 'প্ৰকৃতি' শীৰ্ষক কবিতাটোত ফুলি উঠা ফুলৰ চিত্ৰকল্প আৰু ভোমোৰাৰ উন্মাদ উৰণৰ জৰিয়তে অস্তিত্বৰ ক্ষন্তেকীয়া স্বৰূপক নিপুণভাৱে ব্যক্ত কৰিছে। এনে উপস্থাপনৰ মাজেদি মানৱ অভিজ্ঞতাকেন্দ্ৰিক এক দাৰ্শনিক চিন্তা 'ক্ষয়ৰ অনিবাৰ্যতা আৰু প্ৰকৃতিৰ চিৰস্থায়ী উপস্থিতি সাৰ্থকভাৱে প্ৰকাশ পাইছে। আনহাতে, কবিতাটোত ব্যৱহৃত ছন্দলৈ লক্ষ্য কৰিলে দেখা যায় যে কবিয়ে ছবি বা দীৰ্ঘ ত্ৰিপদী ছন্দ প্ৰয়োগ কৰিছে যদিও পৰম্পৰাগত সংযুতিৰ পৰা অলপ আঁতৰি আহিছে।

বীজশব্দঃ অসমীয়া কবিতা, অস্থায়িত্ব, চন্দ্ৰকুমাৰ আগৰৱালা, প্ৰকৃতি, প্ৰকৃতিৰ চিৰন্তন উপস্থিতি।

১. আৰম্ভণি

জোনাকী যুগৰ ত্ৰিমূৰ্তিৰ অন্যতম চন্দ্ৰকুমাৰ আগৰৱালাৰ (১৮৬৭-১৯৩৮) প্ৰকৃতি বিষয়ক কবিতাসমূহৰ ভিতৰত 'প্ৰকৃতি' এটা উল্লেখযোগ্য কবিতা। কবিতাটোত কবিয়ে জীৱনৰ অস্থায়িত্ব, জীৱনৰ ক্ষন্তেকীয়া প্ৰকৃতি বা স্বভাৱ আৰু প্ৰকৃতিৰ (Nature) চিৰন্তন উপস্থিতিৰ বিষয়ে সন্ধান কৰিছে। এই কবিতাটো 'প্ৰতিমা' (১৯১৪) কাব্য সংকলনৰ অন্তৰ্গত। নগেন

শইকীয়াৰ মতে "কবিতা হিচাপে সামগ্রিকভাৱে 'বীন-ব'ৰাগী'তকৈ "প্রতিমা"ৰ 'সন্ধিয়া', 'সপোন', 'প্রকৃতি', 'কিশোৰী', 'মাধুৰী', 'বনকুঁৱৰী', 'নিয়ৰ', 'জলকুঁৱৰী', 'তেজীমলা' আদি কবিতা শ্রেষ্ঠতৰ।" (শইকীয়া ১৯৯৩: ১৩)

এই পত্রত চন্দ্রকুমাৰ আগৰৱালাৰ 'প্রকৃতি' শীর্ষক কবিতাটোৰ বিষয়বস্তু আৰু কবিতাটোৰ কাব্যিক সৌন্দর্যৰ অংশ হিচাপে কবিতাটোত ব্যৱহৃত চিত্রকল্প-প্রতীক, উপমা আৰু ছন্দৰ বিষয়ে আলোচনা কৰা হৈছে। ইয়াৰ যোগেদি অসমীয়া কবিতাৰ জগতত আগৰৱালাৰ 'প্রকৃতি' কবিতাটোৰ গুৰুত্ব উপলব্ধি কৰিব পৰা যাব।

২. আগৰৱালাৰ প্রকৃতি বিষয়ক কবিতাৰ লক্ষণ

আগৰৱালাৰ কবিতাত চিত্রিত প্রকৃতিলৈ লক্ষ্য কৰিলে কিছুমান লক্ষণ চকুত পৰে। তেওঁ প্রকৃতিৰ নিজীৱ পদার্থৰাশিত প্রাণ আৰু ব্যক্তিত্ব আৰোপ কৰি উপস্থাপন কৰে। ৰঘুনাথ চৌধাৰীৰ দৰে তেওঁৰ কাব্যতো প্রকৃতি সাধাৰণতে এগৰাকী নাৰী। সংসাৰৰ বিষয়-বাসনাৰ পৰা আঁতৰি কবিয়ে প্রকৃতিৰ সৌন্দর্যৰ মাজত সুখৰ সন্ধান কৰে। এওঁৰ প্রকৃতি বর্ণনাত গভীৰ আধ্যাত্মিক ভাবৰো সঙ্কেত পোৱা যায়।

শর্মাৰ মতে "আগৰৱালাৰ প্রকৃতি বর্ণনা তুলনামূলকভাৱে চুটি আৰু সাময়িক হ'লেও ইয়াৰ মাজেদি কবিয়ে তেওঁৰ মূল চিন্তাৰ লগত আধ্যাত্মিক সঙ্গতি স্থাপন কৰিবলৈ সমর্থ হৈছে। (শর্মা ১৯৬৭: ১৯১) প্রকৃতিৰ আনন্দময় ৰূপ একোটা 'বীণ-বৰাগী', 'প্রপঞ্চ', 'জোনাকী' আদি কবিতাত পোৱা যায়। মানুহৰ প্রতি কবিৰ প্রকৃতি বিশেষভাৱে সংবেদনশীল। 'তেজীমলা'ত মানুহ কুটুমে দলিয়াই পেলোৱা তেজীমলাক প্রকৃতিয়েহে আশ্রয় দিছে।

শর্মাই আগৰৱালাৰ 'সন্ধিয়া', 'প্রকৃতি', 'অকলশৰীয়া' আৰু 'সৰা পাহি' কবিতাত প্রকৃতিৰ নিৰানন্দৰ ছবি ৰূপায়িত হৈছে বুলি কৈছে। (শর্মা ১৯৬৭: ১৯৩) অৱশ্যে 'প্রকৃতি' কবিতাত কবিৰ বক্তব্য উপস্থাপন ইমানতে সীমিত বুলিব নোৱাৰি। তেওঁ আচলতে 'প্রকৃতিৰ উবুৰিয়াই দিয়া হাঁহিৰ অন্তৰালত থকা বিষাদৰ ছাঁ'ৰ যোগেদি অস্থায়িত্ব আৰু প্রকৃতিৰ চিৰন্তন উপস্থিতিৰ কথাহে ক'বলৈ বিচাৰিছে।

আগৰৱালাৰ কবিতাত প্রকৃতিৰ ৰূপ-সৌন্দর্য প্রধানকৈ বিষয়গত নহয়— বিষয়ীগতহে। প্রকৃতিৰ বুকুত বলা নির্মম নিয়তিৰ অনন্ত সোঁতৰ প্রতি কবিৰ এক বিশ্বাস আছে। এনে বিশ্বাসৰ বাবেই তেওঁ ফুল ফুলাৰ লগতে ফুল সৰাৰ প্রসংগও একে সময়তে ক'বলৈ বিচাৰে।

৩. 'প্রকৃতি' কবিতাটোৰ মূল বিষয়বস্তু

কবিতাটোৰ প্রথম স্তৱকত কবিয়ে এপাহ ফুল ফুলি সুগন্ধ বিয়পাই শুকাই সৰি যোৱাৰ বর্ণনা কৰিছে। এনে বর্ণনাই আচলতে জীৱনৰ চমু আৰু ভংগুৰ স্বৰূপৰ প্রতিনিধিত্ব কৰিছে—

ফুল কলি ফুলি গোন্ধ

বোৱাই প্রীতিৰ সোঁত

সৰি পাছে নাইকিয়া হ'ল।

দ্বিতীয় স্তৱকত ফুলৰ মৌ পি বলিয়া-উন্মাদ হৈ ফুৰা এটা ভোমোৰাৰ প্রসংগ টানি অনা হৈছে। ই জীৱনৰ তীব্র কিন্তু অল্পকালীন অভিজ্ঞতাৰ প্রতীক—

সি ফুলৰে মৌ-পিয়া

এটা ভোমোৰা বলিয়া

ঘূৰি ঘূৰি ফুৰিছে অকল।

তৃতীয় স্তৱকটোৱে বুজাইছে যে এই অভিজ্ঞতাৰ স্মৃতি আৰু লেখ-জোখবোৰো আচলতে অৱশেষত নোহোৱা হৈ যায়। প্ৰকৃতিত জীৱনৰ সকলোবোৰেই অস্থায়ী, ক্ষন্তেকীয়া। ই প্ৰকৃতিত একোকেই এৰি নাযায়—

উৰি ফুৰি বেজাৰৰ

হৃদয় ৰাগিনী তাৰ

বৰষি যে সিও গুচি গ'ল।

শেষৰ স্তৱকত কবিয়ে জীৱন আৰু অভিজ্ঞতাৰ ক্ষনস্থায়ী স্বভাৱৰ বিপৰীতে প্ৰকৃতি নিৰন্তৰ আৰু অপৰিৱৰ্তিত হৈ থকাৰ কথা উল্লেখ কৰিছে—

ক'ৰ কোন কিবা হ'ল

চিন স্মৃতি পমি গ'ল

প্ৰকৃতি যে তেনেকৈয়ে ৰ'ল!

এইদৰে বিচাৰ কৰি চালে দেখা যায় যে, কবিয়ে ক'বলে বিচৰা মূল কথাটো হৈছে— প্ৰকৃতি একমাত্ৰ স্থায়ী সত্তা, বাকী সকলো ক্ষনস্থায়ী। ব্যৱহৃত চিত্ৰকল্প আৰু উপমাবোৰে প্ৰকৃতিৰ চিৰস্থায়ী উপস্থিতিৰ বিপৰীতে জীৱনৰ ক্ষন্তেকীয়া স্বভাৱৰ এক প্ৰাঞ্জল ছবি নিৰ্মাণ কৰিছে। কম পৰিসৰৰ হ'লেও কবিতাটোৱে মানৱ-অভিজ্ঞতাৰ বিষয়ে গভীৰ পৰ্যবেক্ষণ আগবঢ়াবলৈ সক্ষম হৈছে। সেই পৰ্যবেক্ষণৰ কেন্দ্ৰ হ'ল ক্ষয়ৰ অনিবাৰ্যতা আৰু প্ৰকৃতিৰ চিৰস্থায়ী উপস্থিতি। ফুল আৰু ভোমোৰাৰ চিত্ৰকল্পৰ জৰিয়তে কবিতাটোৱে জীৱনৰ ক্ষন্তেকীয়া স্বৰূপক নিপুণভাৱে প্ৰকাশ কৰিছে আৰু অস্তিত্বৰ অস্থায়িস্তক উজ্জ্বল কৰি তুলিছে। প্ৰকৃতি একমাত্ৰ ধ্ৰুৱক হৈ ৰৈ যায়, কিন্তু মানুহৰ অভিজ্ঞতাৰ স্মৃতি পমি গৈ অৱশেষত হেৰায়।

৪. কবিতাটোত ব্যৱহৃত চিত্ৰকল্প আৰু উপমা

কবিতাটোৰ নিবিড় পঠনৰ যোগেদি অস্তিত্বৰ ক্ষনস্থায়ী লক্ষণক উপলব্ধি কৰিব পাৰি। এই ক্ষেত্ৰত কবিয়ে ব্যৱহাৰ কৰা চিত্ৰকল্প, উপমা আৰু প্ৰতীক পৰীক্ষা কৰিব পাৰি। ফুলি উঠা ফুলৰ চিত্ৰকল্প আৰু ভোমোৰাৰ উন্মাদ উৰণৰ জৰিয়তে আগৰৱালাই অস্তিত্বৰ ক্ষন্তেকীয়া স্বৰূপক নিপুণভাৱে ব্যক্ত কৰিছে। কবিতাটোৰ আৰম্ভণিৰ শাৰীকেইটাতে আচলতে অস্থায়িস্তৰ কেন্দ্ৰীয় বিষয়বস্তু নিহিত হৈ আছে। পৰৱৰ্তী স্তৱকত তাৰ প্ৰসাৰ ঘটিছে। কেৱল মৰহি যাবলেকে ফুলি উঠা সৌন্দৰ্য আৰু জীৱনৰ প্ৰতীক ফুলপাহে অস্তিত্বৰ ক্ষনস্থায়িতাক উজ্জ্বল কৰি তুলিছে। ফুলৰ পৰা নিৰ্গত হোৱা প্ৰেমৰ সুগন্ধি ধাৰাবোৰে জীৱনৰ লগত অহা তীব্ৰ অভিজ্ঞতা আৰু আৱেগৰ উপমা হিচাপে কাম কৰিছে। ফুলৰ মৌ পি বলিয়া হোৱা ভোমোৰাটোৱে জীৱনৰ উন্মাদ সাধনাক প্ৰতিনিধিত্ব কৰিছে। ই অভিজ্ঞতাৰ সৰ্বগ্ৰাসী স্বভাৱৰ প্ৰতীক। কিন্তু সেয়াও দুদিনীয়া। হৃদয় ৰাগিনী বৰষি সিও এদিন গুচি যায়।

এনেদৰে কবিয়ে ফুল আৰু ভোমোৰাৰ যোগেদি সমস্ত কবিতাটোত অস্থায়িস্ত আৰু প্ৰকৃতিৰ চিৰন্তন উপস্থিতিৰ বিষয়বস্তু সিঁচি দিছে। এনে সিঁচৰতিৰ মাজেদি মানৱ অভিজ্ঞতাকেন্দ্ৰিক এক দাৰ্শনিক চিন্তা 'ক্ষয়ৰ অনিবাৰ্যতা আৰু প্ৰকৃতিৰ চিৰস্থায়ী উপস্থিতি' সাৰ্থকভাৱে প্ৰকাশ পাইছে।

৫. কবিতাটোত ব্যৱহৃত ছন্দ

চন্দ্ৰকুমাৰ আগৰৱালাৰ 'প্ৰকৃতি' কবিতাটো ছবি বা দীৰ্ঘ ত্ৰিপদী ছন্দত ৰচিত যদিও কবিয়ে পৰম্পৰাগত সংযুতিৰ পৰা অলপ আঁতৰি আহিছে। সাধাৰণতে ছবি ছন্দৰ একোটা চৰণত তিনিটাকৈ পৰ্ব থাকে। ৮+৮+১০ মাত্ৰাৰ পৰ্বৰ দুটা চৰণেৰে একোটা স্তৱক নিৰ্মিত হয়। ১ম, ২য়,

৪র্থ আৰু ৫ম পর্বত আঠটাকৈ অক্ষৰ থাকে। ৩য় আৰু ৬ষ্ঠ পর্বত দহটাকৈ অক্ষৰ থাকে আৰু এই পর্ব দুটাৰ শেষ বর্ণৰ মিল থাকে। পৰম্পৰাগত শৈলী অনুসৰি ৮+৮ মাত্রাৰ পর্ব দুটা এটা শাৰীত আৰু ১০ মাত্রাৰ পর্বটো অন্য এটা শাৰীত উপস্থাপন কৰা হয়। কবি আগৰৱালাই কিন্তু প্রতিটো পর্বকেই পৃথক পৃথক শাৰীত উপস্থাপন কৰিছে। ৩য় আৰু ৬ষ্ঠ পর্বৰ অন্ত্যমিল (হ'ল—অকল আৰু গ'ল—ৰ'ল) মানি চলিছে। লগতে ৮+৮ মাত্রাৰ পর্বকেইটাৰ ক্ষেত্রটো সামান্য পৰিমাণে অন্ত্যমিল অনুভূত হয়—

গোন্ধ সোঁত

মউ-পিয়া বলিয়া

বেজাৰৰ তাৰ

হ'ল গ'ল

৬. সামৰণি

এইদৰে বিচাৰ কৰি চালে দেখা যায় যে কবি চন্দ্রকুমাৰ আগৰৱালাই 'প্রকৃতি' শীর্ষক কবিতাটোত ফুলি উঠা ফুলৰ চিত্রকল্প আৰু ভোমোৰাৰ উন্মাদ উৰণৰ জৰিয়তে অস্তিত্বৰ ক্ষণেকীয়া স্বৰূপক নিপুণভাৱে ব্যক্ত কৰিছে। এনে উপস্থাপনৰ মাজেদি মানৱ অভিজ্ঞাতাকেন্দ্রিক এক দার্শনিক চিন্তা 'ক্ষয়ৰ অনিবার্যতা আৰু প্রকৃতিৰ চিৰস্থায়ী উপস্থিতি' সার্থকভাৱে প্রকাশ পাইছে। আনহাতে, কবিতাটোত ব্যৱহৃত ছন্দলৈ লক্ষ্য কৰিলে দেখা যায় যে কবিয়ে ছবি বা দীর্ঘ ত্রিপদী ছন্দ প্রয়োগ কৰিছে যদিও পৰম্পৰাগত সংযুতিৰ পৰা অলপ আঁতৰি আহিছে।

∎∎∎

সহায়ক গ্রন্থপঞ্জী

শইকীয়া, নগেন (সম্পা.)। *চন্দ্রকুমাৰৰ কবিতা সমগ্র*। ডিব্রুগড়ঃ বনলতা, ১ম সংস্ক., ১৯৯৩।

শর্মা, শশী (সম্পা.)। *চন্দ্রকুমাৰ আগৰৱালাৰ প্রতিভা*। যোৰহাটঃ অসম সাহিত্য সভা, ১ম সংস্ক., ১৯৬৭।

7

ময়ূৰী ডেকাৰ কবিতাত সমকামিতা প্রসংগঃ 'চিলনীৰ জীয়েকৰ গান' আৰু 'গৰখীয়াৰ সাধু' কবিতাৰ বিশেষ উল্লেখেৰে

সাৰাংশ

সাহিত্যক সমাজৰ দাপোণ বুলি কোৱা হয়। কাৰণ, সাহিত্যৰ মাজত সমাজ-বাস্তৱতাৰ অনেক দিশৰ প্রতিফলন ঘটে। সমাজৰ অংশ হিচাপে বিশ্বৰ বিভিন্ন সাহিত্যত LGBTQ সম্প্রদায়ে সমাজৰ পৰা পোৱা বিভিন্ন অনাদৰ-অৱহেলা প্রকাশিত হোৱা পৰিলক্ষিত হয়। এই সম্প্রদায়ৰ ভিতৰৰ আৰু বাহিৰৰ এচাম লেখকে অসমীয়া সাহিত্যৰ বিভিন্ন বিধাত LGBTQৰ জীৱন-চর্যা আৰু দ্বন্দ্বৰ দিশ কেতবোৰ উপস্থাপন কৰিছে। বিশেষকৈ অসমীয়া উপন্যাস আৰু চুটিগল্পত এনে দিশৰ প্রতিফলন লক্ষ্য কৰা যায়। সাম্প্রতিক সময়ত কবিতাৰ মাধ্যমেদিও LGBTQ সম্প্রদায়ৰ প্রেম আৰু অস্তিত্বৰ সংগ্রামৰ কথা এচাম অসমীয়া লেখকে প্রকাশ কৰিবলৈ চেষ্টা চলাইছে। এই প্রসংগত জোনমণি দাসৰ 'সমকামী সূর্য' (২০২০) আৰু ময়ূৰী ডেকাৰ 'আন্ধাৰ কোঠালিৰ দুৱাৰ ভাঙি' (২০২১) এক উল্লেখযোগ্য সংযোজন। এই গৱেষণা-পত্রখনত সাহিত্যৰ সমাজতত্ত্বৰ আলোকত ময়ূৰী ডেকাৰ কবিতাত সমকামিতা প্রসংগটো কিদৰে পোৱা যায়, তাৰ বিশ্লেষণ দাঙি ধৰা হৈছে। অধ্যয়নৰ পৰিসৰত দুটা কবিতা সামৰি লোৱা হৈছে— 'চিলনীৰ জীয়েকৰ গান' আৰু 'গৰখীয়াৰ সাধু'। এই দুয়োটা কবিতাই তেখেতৰ 'আন্ধাৰ কোঠালিৰ দুৱাৰ ভাঙি' শীর্ষক প্রথমখন কাব্য সংকলনৰ অন্তর্গত। গৱেষণা-পত্রখন প্রস্তুত কৰোঁতে বিশ্লেষণাত্মক পদ্ধতি অৱলম্বন কৰা হৈছে।

বীজশব্দঃ পুৰুষতন্ত্ৰ, লিঙ্গ-বৈষম্য, সমকামিতা, সাহিত্যৰ সমাজতত্ত্ব, যৌন পৰিচয়,
LGBTQ।

১. আৰম্ভণি

তৃতীয় লিঙ্গ, সমকামিতা, দ্বি-লিংগীয় চেতনা আদি বিষয়বোৰ বা LGBTQৰ কথা সমাজত প্ৰান্তীয় বিষয় হিচাপে চোৱাৰ মানসিকতা পৃথিৱীৰ বিভিন্ন অঞ্চলত দূৰ হোৱা দেখা যায় যদিও বহু অঞ্চলত এতিয়াও এই বিষয়বোৰ প্ৰান্তীয় বিষয় ৰূপেই গণ্য কৰা হয়। LGBTQ মানে হ'ল— Lesbian (সমকামী মহিলা), Gay (সমকামী পুৰুষ), Bisexual (উভয়কামী পুৰুষ-মহিলা), Transgender (ৰূপান্তৰকামী পুৰুষ-মহিলা) আৰু Queer (এওঁলোক সমকামী, উভয়কামী, বিষমকামীও হ'ব পাৰে)। যুগ্ম-বৈপৰীত্যৰ আধাৰত সমাজত সদায় পুৰুষ আৰু নাৰী— এই শ্ৰেণী দুটাকে গুৰুত্ব দি অহা দেখা যায়। কিন্তু উত্তৰ-সংযুতিবাদ, উত্তৰ-আধুনিকতাবাদী তত্ত্বই যুগ্ম-বৈপৰীত্যৰ ধাৰণাক অস্বীকাৰ কৰাৰ বাবে লিঙ্গ সম্পৰ্কীয় ধাৰণালৈও নতুন দৃষ্টিভঙ্গী আহিছে। এনে কাৰণতে পুৰুষ সমকামী, নাৰী সমকামী, উভয়লিংগী, তৃতীয় লিঙ্গ আদি মানুহৰ অধিকাৰ বিষয়ক প্ৰশ্ন কেতবোৰ উত্থাপিত হৈছে। ভাৰতীয় প্ৰেক্ষাপটতো এনে দৃশ্য কেতবোৰ চকুত পৰে। ২০১৮ চনৰ আগেলেকে সমকামীসকলৰ মাজৰ সম্পৰ্কক অপ্ৰাকৃতিক, অস্বাভাৱিক, আচহুৱা, অদ্ভুত বুলি গণ্য কৰা হৈছিল। ২০১৮ চনতহে Article ৩৭৭-ক আংশিকভাৱে কৰ্তন কৰি সমগ্ৰ দেশত সমকামিতাক অপৰাধ নহয় বুলি ঘোষণা কৰা হয়। তথাপিও "শ্ৰেণী আৰু বৰ্ণবিভক্ত সমাজত যিদৰে নিম্ন শ্ৰেণী আৰু নিম্ন বৰ্ণৰ লোক নিপীড়িত, ঠিক সেইদৰে লিংগবিভক্ত সমাজত নাৰী আৰু LGBTQIA+ সম্প্ৰদায়ৰ লোকসকল একেদৰেই নিপীড়িত। এই সম্প্ৰদায়ৰ লোকসকল আচলতে অধিকভাৱে নিপীড়িত। তেওঁলোকক পাপৰেই অৱতাৰ ৰূপে ধৰা হয়।" (ডেকা ২০২১: ৬) আজিও LGBTQ সম্প্ৰদায়ৰ লোকসকলৰ প্ৰতি সমাজৰ মানসিকতা একেবাৰে সলনি হোৱা নাই। বিভিন্ন দিশত তেওঁলোক অৱহেলিত, শোষিত হৈয়ে আছে। কলা-সাহিত্যৰ মাজেদি বিভিন্নজনে এওঁলোকৰ জীৱনৰ সমস্যা-যন্ত্ৰণা চিত্ৰিত কৰি LGBTQৰ অধিকাৰ প্ৰতিষ্ঠাৰ এক সংগ্ৰাম আৰম্ভ কৰিছে। অসমীয়া সাহিত্যৰ মাজতো এনে প্ৰৱণতা কেতবোৰ প্ৰকাশ পাইছে। সাহিত্যৰ সমাজতত্ত্বৰ দিশৰ পৰা এনে দিশৰ বিশেষ মূল্য আছে। কাৰণ, "লেখকে সাহিত্যত সমাজৰ কেৱল প্ৰতিবিম্বনেই নঘটায়, বৰঞ্চ সমাজৰ পুনৰ ৰচনা কৰে।" (বেজবৰা ২০১১: ৫) নাটক আৰু উপন্যাসৰ সমাজতত্ত্বই সততে গুৰুত্ব পোৱা দেখা যায় যদিও কবিতাৰ সমাজতাত্ত্বিক অধ্যয়নৰো মূল্য আছে। ইয়াত সমাজ একোখনৰ বিস্তৃত বৰ্ণনা নাথাকিলেও সৰু সৰু ঘটনাক্ৰম বা পৰিস্থিতিৰ জৰিয়তে সামাজিক চিন্তা, মনস্তত্ত্বৰ প্ৰকাশ ঘটে। এই গৱেষণা-পত্ৰত ময়ূৰী ডেকাৰ কবিতাত উপস্থাপিত সমকামিতা প্ৰসংগ নিৰ্বাচিত কবিতাৰ আধাৰত বিশ্লেষণ কৰিবলৈ যত্ন কৰা হৈছে।

১.১ অধ্যয়নৰ উদ্দেশ্য

"ময়ূৰী ডেকাৰ কবিতাত সমকামিতা প্ৰসংগঃ 'চিলনীৰ জীয়েকৰ গান' আৰু 'গৰখীয়াৰ সাধু' কবিতাৰ বিশেষ উল্লেখেৰে" শীৰ্ষক এই অধ্যয়নৰ মূল উদ্দেশ্য দুটা। সেয়া হ'ল—

- ময়ূৰী ডেকাৰ নিৰ্বাচিত কবিতাৰ আধাৰত অসমীয়া কবিতাত সমকামিতা প্ৰসংগ কিদৰে উপস্থাপিত হৈছে, সেয়া বিচাৰ কৰা আৰু
- তাৰ যোগেদি সমাজৰ লিঙ্গ-মনস্তত্ত্বৰ স্বৰূপ অনুসন্ধান কৰা।

১.২ অধ্যয়নৰ পদ্ধতি

বিশ্লেষণাত্মক পদ্ধতিৰে এই গৱেষণা-পত্ৰখন প্ৰস্তুত কৰা হৈছে। অধ্যয়নৰ তাত্ত্বিক আধাৰ হ'ল সাহিত্যৰ সমাজতত্ত্ব। সাহিত্যৰ সমাজতাত্ত্বিক অধ্যয়নৰ প্ৰধান দিশ তিনিটা— (ক) কৃতিকেন্দ্ৰিক অৰ্থাৎ বিভিন্ন সাহিত্য বিধাৰ সমাজতত্ত্ব, (খ) লেখককেন্দ্ৰিক অৰ্থাৎ লেখকৰ সমাজতত্ত্ব আৰু (গ) পাঠককেন্দ্ৰিক অৰ্থাৎ পাঠকৰ সমাজতত্ত্ব। (শইকীয়া ২০১৯: ৩৪) এই অধ্যয়ন কেৱল কৃতিকেন্দ্ৰিক অধ্যয়ন। অধ্যয়নৰ পৰিসৰত ময়ূৰী ডেকাৰ দুটা কবিতা সামৰি লোৱা হৈছে। সেই কবিতা দুটা হ'ল—

(ক) 'চিলনীৰ জীয়েকৰ গান' আৰু

(খ) 'গৰখীয়াৰ সাধু'।

২. কবি ময়ূৰী ডেকাৰ পৰিচয়

ময়ূৰী ডেকা (জন্ম: ১৯৮৭) পেছাত এগৰাকী অভিযন্তা। LGBTQ সম্প্ৰদায়ৰ বিভিন্ন অনুষ্ঠানৰ লগত তেওঁ জড়িত। তেওঁৰ দ্বাৰা সম্পাদিত 'কুইয়াৰ স্কেপ' নামৰ সংকলনত কুইয়াৰ সম্প্ৰদায়ৰ লোকসকলৰ জীৱন-কাহিনী অন্তৰ্ভুক্ত কৰা হৈছে। কুইয়াৰ বা LGBTQ সম্প্ৰদায়ৰ লোকসকলৰ মানসিক স্বাস্থ্য অক্ষুণ্ণ ৰাখিবলৈ ময়ূৰী ডেকাই যত্ন কৰি আহিছে। সাহিত্যৰ মাজেদি কিদৰে নিজৰ জীৱন আৰু অধিকাৰৰ কথা ক'ব পাৰি, সেই সম্পৰ্কে ময়ূৰী ডেকাই অন্যসকলৰ লগত একত্ৰিত হৈ কৰ্মশালা কিছুমানো আয়োজন কৰি আহিছে। 'আন্ধাৰ কোঠালিৰ দুৱাৰ ভাঙি' (২০২১) ময়ূৰী ডেকাৰ প্ৰথম প্ৰকাশিত কবিতা পুথি। বিশেষকৈ সামাজিক মাধ্যমত ময়ূৰী ডেকাই নিয়মীয়াকৈ কাব্য প্ৰকাশ কৰি আহিছে।

ময়ূৰী ডেকাই নিজৰ লিংগ-পৰিচয় আৰু সাহিত্য চৰ্চাৰ কাৰণ তথা আৰম্ভণি সম্পৰ্কে এনেদৰে কৈছে— "ককাৰ ঘৰতেই মই মোটামুটি ডাঙৰ হৈছিলোঁ। খুবেই ডাঙৰ পৰিয়াল। যিকোনো উৎসৱৰ সময়ত ঘৰখন আৰু বেছি ভৰি পৰিছিল। এবাহ ল'ৰা-ছোৱালীয়ে ইফালে-সিফালে নিজৰ ভাল লগা কাম কৰি ফুৰিছিল। আৰু মই সকলোৰে মাজত থাকি অকলশৰীয়া অনুভৱ কৰিছিলোঁ। মই কেনেকুৱা হয় যৌনতাৰ ফালৰ পৰা, সেই বিষয়ে সৰুতেই মোৰ অনুভৱ হৈছিল। চাৰি-পাঁচ বছৰ বয়সৰ পৰাই মই সচেতন আছিলোঁ মোৰ ইচ্ছাবোৰৰ বিষয়ে। ছোৱালীৰ প্ৰতি মোৰ যি আকৰ্ষণ আছিল, সেয়া মই তেতিয়াই বুজি পাইছিলোঁ। আৰু বুজি উঠিছিলোঁ এয়া কঠিন হ'ব। কাৰণ সেই সময়ত আন কাকো মই এই বিষয়ে কথা পতা শুনা নাছিলোঁ। ক'তো পঢ়িবলৈ পোৱা নাছিলোঁ। টিভি, ৰেডিঅ', বাতৰিকাকতত সকলো মৌন আছিল এই বিষয়ত। আৰু ডাঙৰক কিবা সোধাটো অসম্ভৱ আছিল। ...তদুপৰি মই সমকামী শিশু আছিলোঁ। ...শৈশৱকালত অনুভৱ কৰা এই একাকিত্ব খুবেই ভয়ংকৰ আছিল। মাজে মাজে মই ভয়ানকভাৱে অস্থিৰ হৈ পৰিছিলোঁ। ইমানবোৰ কথা লুকুৱাই থোৱাৰ ফল। আনকি মোৰ এই অস্থিৰতাখিনিও লুকাই ৰাখিছিলোঁ আনৰ পৰা। এটা আধা-গোপন, দুশ্চিন্তাৰে ভৰপূৰ, অস্থিৰ, অকলশৰীয়া জীৱনশৈলীৰ আখৰা তেতিয়াৰ পৰাই আৰম্ভ কৰিছিলোঁ।" (ডেকা ২০২১: ৬-৭)

৩. ময়ূৰী ডেকাৰ কবিতাত সমকামিতা প্ৰসংগ

২০২১ চনৰ আগষ্ট মাহত প্ৰকাশিত ময়ূৰী ডেকাৰ 'আন্ধাৰ কোঠালিৰ দুৱাৰ ভাঙি' অসমীয়া কবিতাৰ জগতত এক উল্লেখযোগ্য সংযোজন। কবিতা পুথিখনৰ সৰহখিনি কবিতাই LGBTQ সম্প্ৰদায়ৰ আৱেগ-অনুভূতি, প্ৰেম, জীৱন-যন্ত্ৰণা আৰু তেওঁলোকৰ স্বপ্নৰ পৃথিৱী প্ৰকাশ কৰিছে। কবিতা পুথিখনত মুঠ ৪৫টা কবিতা আছে। তেওঁৰ বহুবোৰ কবিতাত প্ৰেমৰ 'অপৰম্পৰাগত'

ব্যাখ্যা আছে। কিন্তু সেই ব্যাখ্যাবোৰেই প্ৰকৃততে 'স্বাভাৱিক'/'প্ৰাকৃতিক'।

ময়ূৰী ডেকাৰ কবিতাত সততে কাহিনী একোটাৰ আভাস অনুভূত হয়। কেতিয়াবা সেই কাহিনীয়ে বাস্তৱৰ সাজেৰে দেখা দিয়ে, বহু সময়ত আকৌ সেই কাহিনীয়ে পৰিধান কৰে পৰম্পৰাগত সাধুকথা অথবা সাধুকথা সদৃশ জগত এখন। পৰম্পৰাগত সাধুকথা আৰু সাধুকথা সদৃশ পৃষ্ঠভূমিত বিষয়বস্তু উপস্থাপন কৰা ময়ূৰী ডেকাৰ উল্লেখযোগ্য কবিতাকেইটা হ'ল— 'চিলনীৰ জীয়েকৰ গান', 'গৰখীয়াৰ সাধু' আৰু 'চম্পাৱতীৰ সাধু'।

LGBTQ সম্প্ৰদায়ৰ মানুহে বহু সময়ত নিজৰ অস্তিত্ব আৰু পৰিচয়ক লৈ সংকটৰ মুখামুখি হয়। সমাজে নিৰ্মাণ কৰি থোৱা 'স্বাভাৱিক' আৰু 'প্ৰাকৃতিক' সম্পৰ্ক অথবা পৰিচয়ৰ মাজত নিজক অকলশৰীয়া অনুভৱ কৰে। তেনে সময়ত তেওঁলোকক অনেক প্ৰশ্নই খেদি ফুৰে, হাজাৰজনৰ ঠাট্টা আৰু ইতিকিঙে হতাশাৰ জন্ম দিয়ে। কিন্তু কাষত যদি কোনোবা আপোন এজন থাকে তেন্তে নিজৰ বাট এটা বিচাৰি লোৱাৰ, যুঁজ দিয়াৰ সাহস একণ আহে। সেয়ে তেওঁ 'এয়া শেষ নহয় আৰম্ভণিহে' শীৰ্ষক কবিতাত কৈছে—

তেতিয়াই তেওঁ কয় এয়া শেষ নহয় আৰম্ভণিহে
আৰু তেতিয়া মই তেওঁৰ হাতত ধৰি ওলাই আহোঁ আইৰ মুখামুখি
হ'বলে। (ডেকা ২০২১: ৩৪)

নিজৰ সমকামী সন্তানক লৈ অনেক অভিভাৱক সুখী নহয়। তেনে সন্তানক পৰিয়াল-সমাজৰ বোজা বুলি ভাবে অনেকে। পৰিয়াল আৰু সমাজৰ পৰা বিচ্ছিন্ন অনেক সন্তানৰ কাহিনী বাস্তৱ জীৱনত সততে শুনা যায়। 'তৃতীয় লিংগ'ৰ লোকসকলৰ এখন পৃথক সমাজ গঢ়ি উঠাৰ আঁৰত প্ৰকৃততে সমাজৰ লিংগ-মনস্তত্ত্বই জড়িত। 'মই তোমাক কুকুৰ এজনীৰ দৰে ভাল পাওঁ' নামৰ কবিতাত পৰিয়ালত থাকিও পৰিয়াল আৰু সমাজৰ পৰা আঁতৰত অৱস্থান কৰিবলৈ বাধ্য হোৱা মানুহৰ কথা আছে। সেই মানুহৰ দোষ মাত্ৰ এটাই— "মই হেনো ছোৱালীৰ ভেশত ল'ৰা"। (ডেকা ২০২১: ৩০) 'অপৰাধী আছিলোঁ আমিবোৰ' নামৰ কবিতাত এই সম্প্ৰদায়ৰ লোকসকলক যে মানুহ আৰু সমাজে অপৰাধী হিচাপে গণ্য কৰিব বিচাৰে, সেই কথা প্ৰকাশ কৰিছে। চকুৰ চাৱনি, বিভিন্ন শব্দৰ শেলেৰে তেওঁলোকক বুজাই দিবলৈ বিচৰা হয় যে, তেওঁলোক 'সাধাৰণ' আৰু 'স্বাভাৱিক' মানুহ নহয়। অনেক অভিভাৱকে বুজা-নুবুজাৰ দোমাজাত পৰি নিজৰ ভাগ্যকে দোষ দিবলৈ বিচাৰে। সমাজখনৰ ইতিকিং আৰু হাঁহিৰ মাজত নিজৰ সন্তানে কিদৰে জীৱন অতিবাহিত কৰিব, তাক লৈ চিন্তিত হোৱা অভিভাৱকৰ কথাও আছে ময়ূৰী ডেকাৰ কবিতাত। 'এয়া শেষ নহয় আৰম্ভণিহে' কবিতাত তেওঁ সেয়ে লিখিছে—

আয়ে সুধিছিল এয়া বাৰু মোৰ দোষ নেকি তই যে সমকামী হ'লি
মই কিবা নকৰিবলগীয়া কৰিলোঁ নেকি তই যেতিয়া পেটত
আছিলি (ডেকা ২০২১: ৩৪)

ময়ূৰী ডেকাৰ কবিতাৰ বিষয়বস্তু কবিৰ নিজৰ জীৱন আৰু বাস্তৱ অভিজ্ঞতা আধাৰিত। এই সম্পৰ্কে তেওঁ 'আন্ধাৰ কোঠালিৰ দুৱাৰ ভাঙি'ৰ 'আগকথা'ত লিখিছে— "কিছুমান শব্দই অস্বস্তিত পেলাইছিল। কিছুমান শব্দই ভয় থুৱাইছিল। কিছুমান শব্দই অপমানিত কৰিছিল। পিছলৈ এই অস্বস্তি, ভয় আৰু অপমানবোৰে কবিতাৰ ৰূপ ল'লে। ...LGBTQIA+ সম্প্ৰদায়ৰ লোকসকলৰ পৃথিৱীৰ সকলো ঠাইতেই সকলো সময়তেই মানৱ অধিকাৰ খৰ্ব হৈছে। ক'ৰবাত নহয় ক'ৰবাত এই সম্প্ৰদায়ৰ কোনো লোকে আত্মহত্যা কৰিছে। ক'ৰবাত নহয় ক'ৰবাত এই সম্প্ৰদায়ৰ কোনো

লোকক হত্যা কৰা হৈছে। এই সংখ্যাবোৰ মুঠেই সৰু নহয়। কিন্তু এই পুৰুষতান্ত্রিক সমাজত লিং বুলি ক'লেই এতিয়াও য'ত অকল পুৰুষ আৰু মহিলাকেই প্ৰাধান্য দিয়া হয়, তেনেকুৱা সমাজ এখনত হয়তো এই সংখ্যাবোৰ ইমান গুৰুত্বপূৰ্ণ নহয়। সেই কাৰণেই এই যুঁজ, নিজৰ অধিকাৰ কাঢ়ি অনাৰ।" (ডেকা ২০২১: ১৩) ময়ূৰী ডেকাৰ কবিতাত প্ৰতিফলিত ব্যক্তিগত অভিজ্ঞতা আৰু তাৰ প্ৰকাশভঙ্গী সম্পৰ্কে পঞ্চানন হাজৰিকাৰ মন্তব্য এনেধৰণৰ— "ময়ূৰী ডেকাৰ কবিতাৰ বিষয়বস্তু যেন ব্যক্তিগত হৈও নৈৰ্ব্যক্তিক। এয়া লিং পৰিচয়েৰে প্ৰান্তীয়কৃত মানুহৰ মনৰ গহ্বৰত থুন্দা খাই থকা অব্যাখ্যেয় বিষাদ আৰু ক্ষোভৰো এক কৰুণতম অথচ ওজস্বী প্ৰকাশ।" (ডেকা ২০২১: ১১)

'ঘোঁৰা এটাত উঠি পাহাৰ-ভেয়াম ঘূৰি ফুৰা ছোৱালীজনী' কবিতাত জৈৱিকভাৱে নাৰী কিন্তু 'চুটি চুলি দীঘল অৰ্বৱ হটঙা কান্ধ'ৰ ছোৱালী এজনীৰ মনোজগতৰ সৰল বৰ্ণনা আছে। আনন্দ মনেৰে ঘূৰি ফুৰিলেও সেই ছোৱালীজনী 'ভিতৰি ভিতৰি সাংঘাতিক অকলশৰীয়া'। সমাজৰ মানসিকতাই এনে পৰিচয়ৰ মানুহক সদায় এক ভয় আৰু শংকাৰ মাজত বান্ধি ৰাখে। তেনে এক বান্ধোন আৰু ভয়-সংশয়ৰ কথা কবিয়ে এই কবিতাটোত ব্যক্ত কৰিছে—

কি হ'ব যদি গাঁৱৰ মানুহে তাইৰ গোপন সঁচা কথাটো গম পাই যায়

কি হ'ব যদি চহৰৰ মানুহবোৰে ইতিকিং কৰে তাইক

কি হ'ব এদিন যদি সকলোৱে মিলি তাইক কৈ দিয়ে

ছোৱালী সদায় ছোৱালীৰ দৰেই থাকিব লাগে বুলি (ডেকা ২০২১: ১৭)

এই মানুহবোৰ সমাজৰে একোটা অংশ যদিও এওঁলোক সদায় প্ৰান্তীয়। তেওঁলোকৰ কণ্ঠ সদায় ৰুদ্ধ। কবিয়ে এনে যন্ত্ৰণা বিশেষৰ কথাও কৈছে 'ঘোঁৰা এটাত উঠি পাহাৰ-ভেয়াম ঘূৰি ফুৰা ছোৱালীজনী' কবিতাত—

ওখ পাইন গছৰ পাতত তাই লিখি গৈছিল তাইৰ কাহিনীবোৰ

আৰু মই সেই পাতবোৰ সন্মুখত মেলি লৈ বহি আছোঁ আৰু

গণিছোঁ

এনেকুৱা কিমানজনী ছোৱালী আছিল

এনেকুৱা কিমানজনী ছোৱালী এতিয়াও আছে

এনেকুৱা কিমানজনী ছোৱালী আগলেও থাকিব। (ডেকা ২০২১: ১৭-১৮)

'ৰামধেনু চৰাই আৰু ৰঙালাউৰ গুটি' কবিতাত LGBTQ সম্প্ৰদায়ৰ মানুহে পৰিয়াল আৰু সমাজৰ পৰা পোৱা অনাদৰ-অৱহেলাৰ কথা আছে—

বেচেৰী চৰাইজনীয়ে ক'লে নিজৰ দুখৰ কাহিনী

কেনেকৈ আকাশৰ আন চৰাইবোৰে তাইক ঠাট্টা কৰিছিল তাইৰ সাতটা

ৰঙৰ ডেউকা দেখি

সেয়া বোলে আজব কথা সিহঁতৰ জাকত (ডেকা ২০২১: ২৭)

তেওঁলোকক বুজি উঠা আৰু উৎসাহ দিয়া মানুহ সংখ্যাত কম হ'লেও আমাৰ সমাজত তেনে মানুহ আছে। কবিতাটোত উল্লেখিত খেতিয়কজন তেনে মানুহৰে প্ৰতিনিধি—

সৰু চৰাইজনীৰ দুখ দেখি খেতিয়কজনৰ অন্তৰ মোচৰি গ'ল

তেওঁ গোটেই দিনটো ভাবিলে কেনেকৈ চৰাইজনীক সুখী কৰিব পাৰি

অৱশেষত তেওঁ বিচাৰি পালে চৰাইজনীক শান্ত কৰাৰ উপায়

তেওঁ পেৰাৰ পৰা উলিয়াই আনিলে এটা চমৎকাৰ মণি আৰু

চৰাইজনীক দেখুৱালে গোটেই পৃথিৱীখন সেই মণিটোৰ মাজেৰে

যাদুকৰী মণিটোৰে ৰ'দৰ পোহৰত চালে সকলো বস্তুৱেই হৈ পৰে

সাতৰঙী (ডেকা ২০২১: ২৭-২৮)

'সীতা' নামৰ কবিতাটোত ভাওনাত নাৰীৰ চৰিত্রত সুন্দৰ অভিনয় কৰা ল'ৰা এটাক গাঁৱৰ মানুহবোৰে কৰা ইতিকিং আৰু পেংলাইৰ কথা আছে—

কিন্তু ৰাতিপুৱা গাঁৱৰ মানুহে পাহৰি গ'ল আগৰাতিৰ কথা

য'তেই যায় সি সকলোৱে পেংলাই

'তই বাৰু সঁচাকৈয়ে সীতা নেকি, সীতাৰ দৰে খোজ যে তোৰ'

'চোৱা তাৰ নখলৈ চোৱা, সেয়া এবটল নেইল পলিশ্ব'

'এইফালে আহ, আমি শিকাই দিম পুৰুষ কাক কয়' (ডেকা ২০২১: ২৯)

অৱশ্যে সেই ল'ৰাটো নিজৰ আত্ম-পৰিচয়ক লৈ সচেতন। পৰিয়াল বা সমাজে নিৰ্মাণ কৰা ৰূপ সি গ্ৰহণ নকৰে— 'সি ইয়াতে থাকিব দস্তুৰমত সি হৈ।' (ডেকা ২০২১: ২৯)

'আন্ধাৰ কোঠালিৰ দুৱাৰ ভাঙি' শীৰ্ষক কাব্য সংকলনটোৰ অন্তৰ্ভুক্ত অন্তিম কবিতাটোৰ যোগেদি কবি ময়ূৰী ডেকাই লিংগমুক্ত পৃথিৱী এখন কামনা কৰি লিখিছে—

কথাবোৰ সলনি হ'ব

ভালপোৱাৰ কথাবোৰ

অকল কাণে কাণে কোৱাটো

অতীত হ'ব...

ভালপোৱাৰ কথাবোৰ

লুকাই লুকাই থোৱাটো

অতীত হ'ব। (ডেকা ২০২১: ৮৭-৮৮)

প্ৰেমৰ পৰম্পৰাগত ব্যাখ্যাৰ মাজত আবদ্ধ সমাজ এখন সলনি কৰাৰ তীব্ৰ আকাংক্ষা কবিৰ। পঞ্চানন হাজৰিকাৰ মতে, "অৰ্থহীন সামাজিক শুচিতা, ৰক্ষণশীলতা, অনুশাসন আৰু পুৰুষতান্ত্রিক গাঁথনিৰ অৱলম্বনত চলি থকা লিংগবৈষম্যৰ শিকলি ছিঙি নতুন, মুক্ত, উদাৰ, স্বাধীন আৰু প্ৰেমময় পৃথিৱীৰ স্বপ্নত ময়ূৰীৰ কাব্যপ্ৰাণ উৎসৰ্গিত।" (ডেকা ২০২১: ১১) সেই হ'লেও কিন্তু ময়ূৰী ডেকাৰ কবিতা বক্তব্য-সৰ্বস্ব নহয়। তাৰ মূল কাৰণ হ'ল কবিয়ে প্ৰায়ে লোকজীৱন-লোককথাৰ পৃষ্ঠভূমিত অভিজ্ঞতাবোৰ উপস্থাপন কৰে আৰু নৈসৰ্গৰ প্ৰতি থকা প্ৰেমময় দৃষ্টিয়ে সাৰ্থক প্ৰতীক-চিত্ৰকল্পৰ অনুসন্ধান সম্ভৱ কৰি তোলে।

৩.১ চিলনীৰ জীয়েকৰ গান

ময়ূৰী ডেকাৰ 'আন্ধাৰ কোঠালিৰ দুৱাৰ ভাঙি' (২০২১) শীৰ্ষক কাব্য সংকলনখনিৰ এটা গুৰুত্বপূৰ্ণ কবিতা হৈছে 'চিলনীৰ জীয়েকৰ গান'। কবিতাটোত সাধুকথাৰ পৰা বুটলি অনা চৰিত্ৰ আৰু সাধুকথাৰ পৰিৱেশক অৱলম্বন কৰি নাৰী আৰু সমকামী নাৰীৰ স্বকীয় বিচাৰ-বিবেচনা আৰু জৈৱিক-মানসিক প্ৰয়োজনীয়তাক যে অকণো গুৰুত্ব দিয়া নহয়, সেই বাস্তৱ সত্য তুলি ধৰিছে। সমকামী মানুহক পৰিয়াল আৰু সমাজে বহু সময়ত আৱেগিক বল প্ৰয়োগ কৰি বিষমকামী সম্পৰ্ক এটাৰ লগত জড়িত কৰি দিয়ে। কাৰণ, পুৰুষতান্ত্রিক সমাজত লিংগ বুলি ক'লেই পুৰুষ আৰু নাৰী আৰু তেওঁলোকৰ বিষমকামী সম্পৰ্ককহে স্বীকৃতি দিয়া হয়। কবিতাটোত চিলনীৰ জীয়েক আৰু অৰণ্যৰ ৰাজকুঁৱৰীৰ মাজত থকা সম্পৰ্কই আমাৰ সমাজত থকা তেনে

অনেক মানুহৰ সম্পৰ্কক প্ৰতিনিধিত্ব কৰিছে।

সদাগৰে বিয়া পাতি লৈ আনিলে চিলনীৰ জীয়েকক নিজৰ
ঘৰলৈ
কোনেও নুসুধিলে চিলনীৰ জীয়েকক এবাৰ অৰণ্য এৰি মানুহৰ
মাজলৈ যাবলে' সাজুনে তই
চিলনীয়েও নুসুধিলে জীয়েকক এবাৰো আই থাকিবি কেনেকৈ
ইমান দূৰৈত তোৰ আয়েৰক এৰি
এবাৰো নুসুধিলে আই থাকিবি কেনেকৈ তই অৰণ্যৰ
ৰাজকুঁৱৰীক এৰি (ডেকা ২০২১: ২১)

ঘৰৰ মানুহে, বিশেষকে মাতৃগৰাকীয়ে নিজৰ সন্তানক হয়তো চিনি পায়। তথাপি সমাজৰ লিঙ্গ-মানসিকতাৰ বাবেই সকলো জানিও তেওঁলোকে নিজৰ সন্তানক পুৰুষতান্ত্ৰিক সমাজে বিচৰা ধৰণে 'পুৰুষ' বা 'নাৰী' আৰু বিষমকামী কৰিবলে বিচাৰে—

চিলনীয়ে হয়তো জানিছিল জীয়েকৰ কথা
চিলনীয়ে হয়তো জানিছিল অৰণ্যৰ ৰাজকুঁৱৰীৰ কথা (ডেকা ২০২১: ২২)

নৈসৰ্গৰ খণ্ডিত টুকুৰা কিছুমানৰ অৱলম্বনত কবিয়ে কবিতাটোত চিলনীৰ জীয়েকৰ প্ৰেমত মতলীয়া হোৱা অৰণ্যৰ ৰাজকুঁৱৰীৰ ছবিখন আলফুলকৈ প্ৰকাশ কৰিছে—

অৰণ্যৰ ৰাজকুঁৱৰী যে প্ৰেমত মতলীয়া চিলনীৰ জীয়েকৰ
বনৰীয়া লতাতকৈও দীঘল চিলনীৰ জীয়েকৰ চুলি
নেপৰীয়া কঁহুৱাতকৈও কোমল চিলনীৰ জীয়েকৰ বুকু
আহাৰৰ ডাৱৰৰ দৰে কজলা চিলনীৰ জীয়েকৰ চকু
আৰু, আৰু চিলনীৰ জীয়েকৰ হাঁসি
বনৰ হৰিণে জঁপিয়াই নাচে চিলনীৰ জীয়েকৰ হাঁসিত (ডেকা ২০২১: ২১)

সমকামী প্ৰেমৰ লগত জড়িত যৌনতাৰ কথাখিনিও কবিগৰাকীয়ে অতি সংযমী ভাষাৰে প্ৰকাশ কৰিছে—

অৰণ্যৰ ৰাজকুঁৱৰীয়ে কবিতা লিখে প্ৰতিটো পূৱাই প্ৰতিটো
নিয়ৰৰ টোপালত চিলনীৰ জীয়েকলৈ বুলি
তাই ঘাঁহেপতি খোজবোৰ সাঁচি থৈ দিয়ে চিলনীৰ জীয়েকে বাট
ভাঙি গ'লে
তাই তৰাবোৰক অৰণ্যলৈ নমাই আনে অমাৱস্যাৰ ৰাতি
আৰু তৰাভৰা অৰণ্যত দুয়ো মগন হৈ শুনি থাকে প্ৰাচীন সেই
সুৰ (ডেকা ২০২১: ২১)

সমাজে বিচৰা ধৰণৰ সম্পৰ্ক এটা গ্ৰহণ কৰাৰ পৰিণতি স্বৰূপে অনেক মানুহে মানসিক যন্ত্ৰণাৰ মাজত দিন অতিবাহিত কৰিব লগা হয়। 'চিলনীৰ জীয়েক' তেনে অনেক মানুহৰ জীৱনৰে এক প্ৰতীক। কবিতাটোৰ সামৰণি স্বৰকত সকলো চিলনীৰ জীয়েক আৰু অৰণ্যৰ ৰাজকুঁৱৰীৰ যন্ত্ৰণা প্ৰকাশ পাইছে এইদৰে—

এতিয়া চিলনীৰ জীয়েকে কলগছৰ আগত গোটেই দিনটো গাই
থাকে

আগলতি কলাপাত লৰে কি চৰে

চিলনী আই মোৰ বুকুখন ভাগে

আগলতি কলাপাত লৰে কি চৰে

চিলনী আই মোৰ কুঁৱৰীলৈ মনত পৰে (ডেকা ২০২১: ২২)

৩.২ গৰখীয়াৰ সাধু

'গৰখীয়াৰ সাধু' নামৰ কবিতাটোৰ মাজতো কাহিনী এটাৰ আভাস আছে। সেই কাহিনীটো পুৰুষ সমকামিতাৰ লগত জড়িত। কাহিনীটো উপস্থাপন কৰা হৈছে গ্ৰাম্য পটভূমি এটাত। কবিতাটোত দুখন গাঁৱৰ দুজন গৰখীয়াৰ মাজত জন্ম হোৱা প্ৰেমৰ কৰুণ পৰিণতিৰ কথা আছে। সেই সম্পৰ্কৰ কথা গাঁৱৰ মানুহবোৰে স্বীকাৰ কৰি ল'ব পৰা নাছিল। সেয়ে দুয়োকে প্ৰথমতে সতৰ্কবাণী শুনোৱা হৈছিল, পৰৱৰ্তী সময়ত জৰিমনা বিহা হৈছিল। কাৰণ, প্ৰেমৰ 'পৰম্পৰাগত' সংজ্ঞাত বন্দী গাঁও দুখনৰ মানুহবোৰৰ বাবে গৰখীয়া দুজনৰ প্ৰেম আছিল 'অস্বাভাৱিক' আৰু 'অপ্ৰাকৃতিক'। গাঁৱৰ মানুহবোৰৰ সতৰ্কবাণী আৰু শাস্তিৰ ভয়ত গৰখীয়াৰ প্ৰেমৰ অধ্যায়ৰ সমাপ্তি হোৱা নাছিল। কাৰণ— "প্ৰেমহে আছিল দুয়োৰে মাজত কিনো ডাঙৰ কথা"। (ডেকা ২০২১: ৩২) গাঁৱৰ মানুহবোৰে বান্ধি দিয়া অনুশাসন গৰখীয়া দুজনে মানি চলা নাছিল। সকলো শাস্তি মূৰ পাতি ল'লেও প্ৰেম বাদ দিয়া নাছিল। সেইবাবে এদিন গাঁৱৰ মানুহবোৰে দুয়োকে চৰম শাস্তি দিলে (হয়তো মাৰি পেলালে)। সেয়ে—

গাঁৱৰ দুপৰীয়াবোৰ এতিয়া সেমেকা

গৰখীয়া নাহে

এটা সঁচা কথাৰ কাৰণে ইমান মিছা অপযশ

গৰখীয়াই আৰু গাঁৱলৈ কেতিয়াও নাহে উভতি। (ডেকা ২০২১: ৩৩)

স্বতন্ত্ৰ লিঙ্গ পৰিচয়ক স্বীকৃতি নিদি LGBTQ সম্প্ৰদায়ৰ মানুখিনিৰ প্ৰান্তীয়কৰণ কৰা হয়। সেইবাবে ব্যাখ্যাহীন বিষাদ-যন্ত্ৰণা আৰু ক্ষোভেৰে পূৰ্ণ হৈ পৰে তেওঁলোকৰ জীৱন। তেনে অনেক জীৱনৰ দলিল ময়ূৰী ডেকাৰ কবিতা। সেই জীৱনৰ কাহিনীবোৰ কৰুণতাৰে পূৰ্ণ বাবেই তেওঁৰ কবিতাত কৰুণতাৰ আৱেশ এটা স্বাভাৱিকতে লাগি থাকে। আলোচ্য কবিতা দুটাৰ মাজতো কাৰুণ্যৰ প্ৰলেপ এটা অনুভূত হয়।

৪. উপসংহাৰ

"ময়ূৰী ডেকাৰ কবিতাত সমকামিতা প্ৰসংগঃ 'চিলনীৰ জীয়েকৰ গান' আৰু 'গৰখীয়াৰ সাধু' কবিতাৰ বিশেষ উল্লেখেৰে" শীৰ্ষক এই অধ্যয়নৰ অন্তত আমি কিছুমান সিদ্ধান্তত উপনীত হ'ব পাৰোঁ। তলত সেই সিদ্ধান্তসমূহ সংক্ষেপে উল্লেখ কৰা হ'ল—

- আমাৰ সমাজত লিংগক কেৱল পুৰুষ আৰু নাৰীৰ মাজতেই আবদ্ধ কৰি ৰাখিব খোজা হয়। ইয়াৰ পৰিণতি স্বৰূপে এই বৃত্তৰ বাহিৰত থকা মানুখিনিয়ে 'মানুহ' হিচাপে পাবলগীয়া অনেক অধিকাৰৰ পৰা বঞ্চিত হয়। তেওঁলোকৰ 'স্বাভাৱিক' প্ৰেমেও স্বীকৃতি নাপায়। এন অপ্ৰাপ্তিয়ে জন্ম দিয়া বিষাদবোধৰ অনুৰণন শুনা যায় নিৰ্বাচিত কবিতা দুটাৰ মাজেদি।

- কবিতা দুটাত অপ্ৰাপ্তি আৰু মৃত্যুৰ কথা আছে যদিও সেই অপ্ৰাপ্তি আৰু মৃত্যুৰ প্ৰসংগই LGBTQ সম্প্ৰদায়ৰ জীৱনৰ কাৰুণ্য প্ৰকাশ কৰি মৃদু প্ৰতিবাদৰ সুৰ এটা ব্যক্ত কৰিব বিচাৰিছে।

- কাব্যিক কলা-কৌশলৰ সৰলতাৰ মাজতেই কবি ময়ূৰী ডেকাই মানুহৰ যৌন পৰিচয়, জৈৱিক-মানসিক চাহিদা, লেংগিক ৰাজনীতিৰ কিছু গভীৰতম সত্য প্রকাশ কৰিবলৈ সক্ষম হৈছে।

- সাম্প্রতিক অসমীয়া কবিতালৈ ময়ূৰী ডেকাৰ কবিতাই কঢ়িয়াই অনা এই 'কুইয়াৰ চেতনা' নিশ্চিতভাৱে এক বিশিষ্ট আৰু গুৰুত্বপূর্ণ বিষয়বস্তু। 'কুইয়াৰ তত্ত্ব'ৰ আধাৰতো ময়ূৰী ডেকাৰ কবিতা বা সামগ্রিকভাৱে অসমীয়া কবিতাত সমকামিতা প্রসংগৰ দৰে বিষয়বোৰ অধ্যয়ন-গৱেষণাৰ অৱকাশ আছে।

■■■

সহায়ক গ্রন্থপঞ্জী

ডেকা, ময়ূৰী। *আন্ধাৰ কোঠালিৰ দুৱাৰ ভাঙি*। গুৱাহাটীঃ পূর্বায়ণ প্রকাশন, ২০২১।

দত্ত, জুৰি। "কুইয়(ৰ) তত্ত্ব (Queer Theory)", *সমালোচনাত্মক জ্ঞানচর্চা*, প্রথম বছৰ, দ্বিতীয় সংখ্যা, মে'-আগষ্ট, ২০২১, পৃ. ১১-২৪।

বেজবৰা, নীৰাজনা মহন্ত। *সাহিত্যৰ সমাজতত্ত্বঃ সিদ্ধান্ত আৰু প্রয়োগ*। ডিব্রুগড়ঃ বনলতা, ২০১১।

শইকীয়া, সচ্চিদানন্দ। *সাহিত্যৰ সমাজতত্ত্ব*। ডিব্রুগড়ঃ অসমীয়া বিভাগ, খোৱাং মহাবিদ্যালয়, ২০১৯।

8

ৰুদ্ৰৰাম বৰ দলৈৰ 'বঙ্গাল বঙ্গালনী নাটক'ত প্ৰতিফলিত সমাজ

সাৰাংশ

আৰম্ভণি পৰ্যায়ৰ এখন উল্লেখযোগ্য আধুনিক অসমীয়া নাটক হৈছে ৰুদ্ৰৰাম বৰ দলৈৰ 'বঙ্গাল বঙ্গালনী নাটক' (১৮৭১)। এই গৱেষণা-পত্ৰত নাটকৰ সমাজতত্ত্বৰ দিশেৰে কাহিনীৰ সামাজিক পটভূমি, নাট্যকাৰৰ দ্বাৰা সামাজিক সমস্যাৰ চিনাক্তকৰণ আৰু নাট্যকাহিনীৰ সামাজিক প্ৰভাৱ, নাটকখনত উপস্থাপিত সমাজ-প্ৰতিনিধিত্বকাৰী চৰিত্ৰ, নাটকখনৰ সামাজিক ভূমিকা তথা বাস্তৱ প্ৰাসংগিকতা আৰু নাটকখনত প্ৰতিফলিত সমাজ সম্পৰ্কে আলোচনা কৰা হৈছে। এই আলোচনাৰ যোগেদি দেখা গৈছে যে ৰুদ্ৰৰাম বৰ দলৈৰ 'বঙ্গাল বঙ্গালনী নাটক'ত অসমত ব্ৰিটিছসকল অহাৰ পৰৱৰ্তী পৰ্যায়ত জন্ম হোৱা যৌন নৈতিকতাৰ সমস্যা তুলি ধৰা হৈছে। নাট্যকাৰে এনে সমস্যাক এক সামাজিক সমস্যা বুলি চিনাক্ত কৰিব পাৰিছে যদিও সমস্যা দূৰীকৰণৰ যিটো পথ উপস্থাপন কৰিছে, সেয়া গ্ৰহণযোগ্য নহয়। কিন্তু সমসাময়িক সমাজখনৰ লগত জড়িত এনে সমস্যাৰ উৎপত্তিৰ কাৰণ, তেনে সমস্যাৰ প্ৰতি অসমীয়া মানুহৰ মানসিকতা ইত্যাদি বিষয়ক তথ্য দাঙি ধৰাৰ বাবে নাটকখনৰ ঐতিহাসিক মূল্য আছে। মূল সমস্যাৰ লগতে নাট্যকাৰে আন কেতবোৰ সামাজিক প্ৰসংগও উপস্থাপন কৰিছে; তেনে প্ৰসংগৰো সামাজিক-ঐতিহাসিক মূল্য আছে।

বীজশব্দঃ আধুনিক অসমীয়া নাটক, নাটকৰ সমাজতত্ত্ব, বঙ্গাল বঙ্গালনী নাটক, ৰুদ্ৰৰাম বৰ দলৈ, সামাজিক নাটক।

০. আৰম্ভণি

গুণাভিৰাম বৰুৱাৰ 'ৰাম-নৱমী' নাটকৰ যোগেদি আধুনিক অসমীয়া নাটকৰ সূচনা হয়। ১৮৫৭ চনত ৰচিত এই নাটকখন ১৮৬৭ চনত প্ৰকাশ হৈছিল। আৰম্ভণি পৰ্যায়ৰ আন দুখন আধুনিক অসমীয়া নাটক হৈছে হেমচন্দ্ৰ বৰুৱাৰ 'কানীয়াৰ কীৰ্তন'

(১৮৬১) আৰু ৰুদ্ৰৰাম বৰ দলৈৰ 'বঙ্গাল বঙ্গালনী নাটক' (১৮৭১)। অতুলচন্দ্ৰ হাজৰিকাই প্ৰথম তিনিওখন নাটেই লঘু সামাজিক আৰু সমাজ-সংস্কাৰমূলক বুলি কৈছে। (হাজৰিকা ১৯৯৫: ৯৬) অৱশ্যে নাটক তিনিখনে গ্ৰহণ কৰা বিষয়বস্তু তিনিটাক লঘু সামাজিক বিষয় বুলি ক'ব নোৱাৰি। শৰ্মাৰ মতে ৰুদ্ৰৰাম বৰ দলৈৰ "নাটকখনত সেই সময়ৰ অসমৰ সমাজৰ কদৰ্য্য ৰূপ এটি ফুটাই তোলা হৈছে হাস্যৰসাত্মক দৃষ্টিভংগীৰে।" (শৰ্মা ২০১৩: ১৯) নাটকখনত সেই সময়ৰ অসমৰ সমাজৰ কদৰ্য্য ৰূপ আছে যদিও তাৰ উপস্থাপন কৌশল সম্পূৰ্ণকৈ হাস্যৰসাত্মক পৰ্যায়ৰ বুলি ক'ব নোৱাৰি। নম্ৰতা পাঠকৰ মতে ৰুদ্ৰৰাম বৰ দলৈৰ 'বঙ্গাল বঙ্গালনী নাটক' এখন সামাজিক প্ৰহসন। (পাঠক ২০১৫)

এই পত্ৰত ৰুদ্ৰৰাম বৰ দলৈৰ 'বঙ্গাল বঙ্গালনী নাটক'ত প্ৰতিফলিত সমাজ সম্পৰ্কে আলোচনা কৰিবলৈ বিচৰা হৈছে। মূল আলোচনালৈ যোৱাৰ পূৰ্বে নাটকৰ সমাজতত্ত্বৰ ধাৰণামূলক পৰিচয় আগবঢ়োৱাৰ লগতে নাটকৰ সমাজতত্ত্বই অধ্যয়ন কৰা দিশবোৰ সংক্ষেপে উল্লেখ কৰা হৈছে। আলোচনাত উদ্ধৃত কৰা নাটকখনৰ সকলো সংলাপ জ্যোতিৰ্ময় জানাৰ 'ৰুদ্ৰৰাম বৰ দলৈৰ বঙ্গাল বঙ্গালনী নাটক: মূল নাটক আৰু আলোচনা' (২০২২) গ্ৰন্থৰ পৰা লোৱা হৈছে।

১. নাটকৰ সমাজতত্ত্বৰ ধাৰণা

সাধাৰণতে সাহিত্যৰ সামাজিক সন্দৰ্ভ বা সামাজিক উৎপাদনৰ অধ্যয়নকেই সাহিত্যৰ সমাজতত্ত্ব বুলি কোৱা হয়। সাহিত্যৰ সমাজতাত্ত্বিক অধ্যয়নৰ প্ৰধান দিশ তিনিটা— (ক) লেখককেন্দ্ৰিক, (খ) কৃতিকেন্দ্ৰিক আৰু (গ) পাঠককেন্দ্ৰিক। (বেজবৰা ২০১১: ৪৫) সাহিত্যৰ বিভিন্ন প্ৰকাৰ বা বিধা অনুসৰিও বিভিন্ন প্ৰকাৰৰ সমাজতাত্ত্বিক অধ্যয়ন হ'ব পাৰে। তেনে অধ্যয়নসমূহক সাহিত্যৰ বিধাটোৰ নামেৰেই নামকৰণ কৰা হয়; যেনে— উপন্যাসৰ সমাজতত্ত্ব, নাটকৰ সমাজতত্ত্ব, কবিতাৰ সমাজতত্ত্ব ইত্যাদি। নাটকৰ পাঠ (Text) আৰু তাৰ পৰিৱেশন (Performance) বিষয়ক অধ্যয়নক 'নাটকৰ সমাজতত্ত্ব' বুলি কোৱা হয়। গতিকে নাটকৰ সমাজতাত্ত্বিক অধ্যয়ন দুই ধৰণৰ হ'ব পাৰে— পাঠকেন্দ্ৰিক অধ্যয়ন আৰু পৰিৱেশনকেন্দ্ৰিক অধ্যয়ন। এই পত্ৰত ৰুদ্ৰৰাম বৰ দলৈৰ 'বঙ্গাল বঙ্গালনী নাটক'ৰ পাঠকেন্দ্ৰিক অধ্যয়ন দাঙি ধৰা হৈছে।

১.১ নাটকৰ সমাজতত্ত্বই অধ্যয়ন কৰা দিশ

নাটকৰ সমাজতত্ত্বই সামৰা দিশকেইটা শইকীয়াই এনেদৰে উল্লেখ কৰিছে—

(ক) নাট্যকাৰৰ সামাজিক-স্থিতি, অৰ্থনৈতিক অৱস্থা, বিষয়বস্তু নিৰ্বাচন, ভাষাৰ ব্যৱহাৰ আৰু পৰিৱেশন শৈলী।

(খ) নাট্যকাহিনীৰ সামাজিক পটভূমি, সমাজ প্ৰতিনিধিত্বকাৰী চৰিত্ৰ আৰু সংলাপ।

(গ) পাঠকৰ সামাজিক-স্থিতি, অৰ্থনৈতিক অৱস্থা আৰু পাঠকৰ প্ৰতিক্ৰিয়া (reader response) তথা পাঠকৰ সংগ্ৰহণ (reception)।

(ঘ) ঘটনাৰ সামাজিক প্ৰভাৱ (social impact) আৰু নাটকৰ সামাজিক ভূমিকা তথা বাস্তৱ প্ৰাসংগিকতা।

(ঙ) সমাজবিজ্ঞানৰ আহিৰে সামাজিক সমস্যাৰ চিনাক্তকৰণ আৰু নাট্যকাৰৰ মতামত। (শইকীয়া ২০১৯: ৪৬-৪৭)

২. নাট্যকাৰ ৰুদ্ৰৰাম বৰ দলৈৰ পৰিচয়

নাট্যকাৰ ৰুদ্ৰৰাম বড় দলে (১৮৩৬-১৮৯৯)ৰ পূৰ্বপুৰুষ গোলাঘাটৰ বাসিন্দা আছিল। তেওঁৰ উপৰিপুৰুষৰ নাম আছিল গৌতম সিং। গৌতম সিং কনৌজৰ পৰা আহি প্ৰথমতে গোলাঘাটত থিতাপি লৈছিল। পৰৱৰ্তী সময়ত ৰুদ্ৰৰামৰ ককাক আম্বৰামে হয়বৰগাঁৱৰ ভগনীয়াচুকত বাস কৰিবলৈ লৈছিল। এই ভগনীয়াচুকতেই ১৮৩৬ চনত ৰুদ্ৰৰাম বড় দলেৰ জন্ম হৈছিল। তেওঁৰ পিতৃৰ নাম আছিল হলিৰাম। ৰুদ্ৰৰাম বড় দলেৰ বিষয়ে বিতং তথ্য তেনেকৈ পোৱা নাযায়। তেওঁৰ উপাধিটো 'বৰদলে' হিচাপে সততে লিখা হয় যদিও ১৮৭১ চনত শিৱসাগৰ মিস্যন প্ৰেছৰ পৰা প্ৰকাশিত 'বঙাল বঙালনী নাটক'ত তেওঁৰ পৰিচয় 'ৰুদ্ৰৰাম বড় দলে' হিচাপে আছে। এনে কাৰণতে এই আলোচনাত 'বড় দলে' উপাধি ব্যৱহাৰ কৰা হৈছে। ৰুদ্ৰৰাম বড় দলেয়ে 'কুটুম' নামৰ এখন সামাজিক নাটক আৰু 'অসমৰ দেৱানী কাৰ্য্যব্যৱস্থা' শীৰ্ষক দেৱানী আইনৰ অনূদিত পুথি এখনো ৰচনা কৰিছিল বুলি জনা যায়। 'অৰুনোদই' আৰু 'আসাম-বন্ধু'তো ৰুদ্ৰৰাম বড় দলেৰ লেখা প্ৰকাশ পাইছিল। এই লেখাসমূহ ৰু. ৰা., ৰুদ্ৰৰাম দলে আৰু ৰু. ব. নামত প্ৰকাশ পাইছিল। ১৮৬০ চনৰ অক্টোবৰ সংখ্যা 'অৰুনোদই'ত প্ৰকাশিত প্ৰবন্ধটো আছিল 'জ্যোতিষ আৰু জ্যোতিৰ্বেৰ্তাৰ কথা'। 'আসাম-বন্ধু'ত প্ৰকাশিত লেখাটো হ'ল— 'অলঙ্কাৰ পিন্ধাৰ যুক্তি' (১৮৮৫, আহাৰ সংখ্যা)।

১৮৭০ চনত নগাঁৰৰ হয়বৰগাঁৱত 'বীণাপাণি নাট্যমন্দিৰ' স্থাপিত হৈছিল আৰু ইয়াতেই ৰুদ্ৰৰাম বড় দলেৰ 'বঙাল বঙালনী নাটক' পোনপ্ৰথমে মঞ্চস্থ হৈছিল। ইয়াৰ পৰৱৰ্তী বৰ্ষত (১৮৭১) নাটকখন ছপা হৈ ওলাইছিল।

২.১ নাটখনিৰ কাহিনী

১৮২৬ চনৰ ২৪ ফেব্ৰুৱাৰী তাৰিখে হোৱা ইয়াণ্ডাবু চুক্তি অনুসৰি অসম ব্ৰিটিছ ভাৰতৰ অন্তৰ্ভুক্ত হয়। ৰাজনৈতিক, অৰ্থনৈতিক, প্ৰশাসনিক নানা কাৰণত অসমলৈ বংগ তথা বংগ দেশ হৈ বিভিন্ন মানুহ (বঙাল) আহিবলৈ ধৰে। এই মানুহখিনিয়ে লগত প্ৰয়োজনীয় সকলো সামগ্ৰী তথা তিৰোতা লৈ অহা নাছিল। পৰিণতি হিচাপে বিভিন্ন সমস্যাৰ লগতে জৈৱিক প্ৰয়োজনীয়তাৰ লগত জড়িত যৌন নৈতিকতাৰ সমস্যাই দেখা দিলে। ব্ৰিটিছ প্ৰৱৰ্তিত মুদ্ৰা-অৰ্থনীতিৰ লগত নিজকে জড়িত কৰি এই মানুহখিনিয়ে ধন-বিত আহৰণ কৰিলে আৰু ইয়াৰ জোৰতে অসমৰ তিৰোতা মানুহ কিছুমানো যোগাৰ কৰি ল'লে। আৰ্থিক দিশেৰে সবল নোহোৱাসকলে ধূৰ্তালিৰ আশ্ৰয়ত নিম্ন শ্ৰেণীৰ থলুৱা তিৰোতাক উপভোগৰ আহিলা হিচাপে ব্যৱহাৰ কৰিবলৈ ধৰিলে। এই শ্ৰেণীৰ লোকসকলে কেতিয়াবা তিৰোতাগৰাকীৰ ধন-বিত আত্মসাৎ কৰি পলোৱাৰ পথাে লয়। ৰুদ্ৰৰাম বড় দলেৰ 'বঙাল বঙালনী নাটক'ত এনে পৰিস্থিতিৰ সন্মুখীন হোৱা খিলঞ্জীয়া নাৰী আৰু বহিঃৰাজ্যৰ পৰা অহা পুৰুষৰ (বঙাল) লগত থলুৱা নাৰীয়ে গঢ়ি তোলা অবৈধ সম্পৰ্কক কেন্দ্ৰ কৰি বিভিন্ন সামাজিক প্ৰসংগ প্ৰকাশিত হৈছে।

নাটকখনত 'বঙাল' শব্দটোৰে কেৱল বহিৰাগত বা outsider অৰ্থ প্ৰকাশ কৰা নাই। এই শব্দটোৰ যোগেদি বংগদেশৰ ইতৰ মানুহক (lower-class Bengali) বুজোৱা হৈছে। কিন্তু 'বঙাল' শব্দটোৰ অৰ্থ তাতেই সীমিত নহয়। "অসমত এসময়ত বঙ্গদেশৰ পৰা আৰু বঙ্গদেশ হৈ অহা মানুহমাত্ৰকেই 'বঙাল' বুলি কোৱা হৈছিল। বঙ্গ হৈ নহা কাৰণে মানসকলক 'বঙাল' বুলি কোৱা হোৱা নাছিল। আনহাতে অসম আক্ৰমণ কৰা মুছলমানসকল 'বঙাল' নামেৰে অভিহিত হৈছিল; ব্ৰিটিছো অভিহিত হৈছিল 'বঙাল' নামেৰে।" (জানা ২০২২: ১২) অসমলৈ অহা সকলো বাঙালী মানুহেই যে তল থাপৰ আছিল, তেনে নহয়। নাটকখনত কোনো ভাল বাঙালীৰ বিষয়ে

আলোচনা কৰা নাই যদিও ভোলা আৰু কানুৰ কথোপকথনৰ যোগেদি তেনে বাঙালী অসমত থকা বুলি কোৱা হৈছে। কানুৰ মতে 'বঙ্গাল'ৰ ভিতৰতো কিছু ভাল মানুহ আছে আৰু ভোলাৰ মতে "বিশেষ বঙ্গালৰ যিবিলাক ভাল মানুহ, সিহঁতে এনে ঘিণ লগা কাম (উপ-পত্নী বা ৰক্ষিতা ৰখা) কৰিবই কিয়?" (১১৯)

সেই সময়ত 'বঙ্গাল'সকলে যোগাৰ কৰি নিজৰ লগত ৰখা তিৰোতাসকলক 'বঙ্গালনী' বুলি কোৱা হৈছিল। অৱশ্যে সেইসকল 'প্ৰকৃত বঙ্গালনী' নহয়। তেওঁলোক আচলতে 'নটী', 'ধেমনী', 'বেশ্যা' অৰ্থাৎ ৰক্ষিতাহে। ভোলাৰ বক্তব্যৰ মাজেদি এনে কথা প্ৰকাশ কৰা হৈছে— "ভালেই হওক বা বেয়াই হওক ইঁত জানোঁ কিবা বঙ্গালৰ তিৰোতা? মুঠে খাব পিন্ধিবলৈ দি ধেমনী ভালেৰে ৰাখিছে; নটীৰ কি ভাল মানুহ আছে।" (১১৯)

বড় দলৰ 'বঙ্গাল বঙ্গালনী নাটক'ত 'কোচৰ জিয়াৰী' টাভুলী ধেমনী হোৱাৰ কাহিনী বৰ্ণিত হৈছে। 'বঙ্গাল' বলদেৱ ঠাকুৰ, ৰামগোপাল বিশ্বাসৰ লগত সম্পৰ্ক ছিঙি অৱশেষত টাভুলীয়ে অসমীয়া পূয়াৰামৰ লগত যুগ্ম-জীৱন আৰম্ভ কৰিছে। অৱশ্যে বলদেৱ ঠাকুৰৰ ৰক্ষিতা হোৱাৰ পূৰ্বে টাভুলীক "শুতাৰৰ ডেকাই নিছিল"। তেওঁ ঢুকোৱাৰ পাছত টাভুলী "গুৱাহাটিৰ ধুনীয়া ফুকন এজনা"ৰ আশ্ৰয়ত আছিল। তেওঁৰো মৃত্যু হোৱাত টাভুলী ঠাকুৰৰ ৰক্ষিতা হয়। এইদৰে টাভুলীয়ে অসমীয়া-বাঙালী নিৰ্বিশেষে বহুতৰে লগত সহবাস কৰিছে। টাভুলী নৈতিকভাৱে দুৰ্বল 'নটী' বা 'ধেমনী'। "বাঙালী 'বঙ্গাল' আৰু 'কেঞা'ই হ'ল এই নটী বা ধেমনী নামৰ অসংগঠিত দেহোপজীৱিনীসকলৰ মুখ্য পৃষ্ঠপোষক।" (জানা ২০২২: ১৫)

বলদেৱ ঠাকুৰৰ ৰক্ষিতা হৈ থকাৰ সময়তে এদিন টাভুলী ৰামগোপাল বিশ্বাসৰ সেতে পৰিচিত হয়। ৰামগোপালে বলদেৱ ঠাকুৰৰ গোলাত ৰাতিটোৰ বাবে আশ্ৰয় বিচাৰি আহিছিল। প্ৰথম দৰ্শনতেই টাভুলী ৰামগোপালৰ প্ৰেমত পৰে আৰু বুধি কৰি নিজৰ ঘৰত ৰামগোপালক ৰখোৱাৰ ব্যৱস্থা কৰে। বলদেৱ ঠাকুৰ আৰু টাভুলীক পিতৃ-মাতৃ জ্ঞান কৰা ৰামগোপাল বিশ্বাসে এদিন টাভুলীকে আপোন কৰি ল'লে। কিন্তু এই সম্পৰ্কও স্থায়ী নহ'ল। পুত্ৰ বয়সৰ 'বঙ্গাল' ল'ৰা ৰামগোপাল বিশ্বাসৰ লগত দহ বছৰ সংসাৰ কৰাৰ পাছত অসমীয়া যুৱক পূয়াৰামৰ প্ৰতি আকৃষ্টা হয়। তাই ৰামগোপালক এৰি পূয়াৰামৰ লগত জীৱন অতিবাহিত কৰাৰ সিদ্ধান্ত লয়। সেই সময়ত তাই পূয়াৰামৰ "মাকতকৈও বয়সীয়া বুঢ়ী তিৰোতা"। (১৫৪)

বলদেৱ ঠাকুৰৰ লগত থকা সময়খিনিত টাভুলীয়ে ঠাকুৰৰ উপ-পত্নী হিচাপে আৰু লগতে বনকৰা তিৰোতা হিচাপেও ভূমিকা পালন কৰি গৈছিল। ৰামগোপালক নিজে ভাল পাই আপোন কৰি লৈছিল যদিও ৰামগোপালে তাইৰ আ-অলঙ্কাৰ, ধন-বিতৰ ওপৰত চকু ৰাখিছিল। টাভুলীৰ নিজৰ তথা 'বঙ্গাল' ৰামগোপালৰ পৰা পোৱা আ-অলঙ্কাৰ, ধন-বিত 'বঙ্গাল' ৰামগোপালেই অৱশেষত আত্মসাৎ কৰিবলৈ চেষ্টা চলাইছে।

এই ঘটনাৰ পাছত টাভুলী আৰু ৰামগোপালৰ সম্পৰ্কলৈ ব্যৱধান আহিছে। টাভুলীৰ ককায়েকে দুয়োকে মিলি থাকিবলৈ পৰামৰ্শ দিছে— "তোমালোকে এই থান নকৰিবাইঁক, অন্যায় অধৰ্ম কৰি কোনে কেই কাল থাব জীৱলে আহিছে, ভাল নহয়, দন্দ থৰিয়াল নকৰিবাইঁক, আগৰ দৰে মিলা পিৰিতিকে থাই থাকাইঁক, আইআ! তয়ো একো ন কৰিবি তেওঁক।" (১৪৮) এনেদৰে কেইদিনমান চলাৰ পাছত এদিন টাভুলীৰ ঘৰলৈ ৰামগোপালৰ ককায়েক আহিছে আৰু ককায়েকৰ লগত ৰামগোপাল কিছুদিনৰ বাবে নিজৰ ঘৰলৈ বুলি ওলাইছে। এইথিনি সময়তে টাভুলীয়ে পূয়াৰামৰ লগত থকাৰ পৰিকল্পনা কৰি পেলাইছে। এনে পৰিকল্পনাৰ আঁৰত থকা মূল কথাটো হ'ল—

"...বঙ্গালৰ লগত থাকি মৰিলে কলঙত উটাই দিব।" (১৫৩)

ৰামগোপাল পুনৰ ঘূৰি আহি টাভুলীক নিজৰ লগত ৰাখিব বিচাৰিছিল যদিও টাভুলীয়ে ৰামগোপালক স্পষ্টকৈ কৈ দিছে– "তুমি ইয়াত নো সোমাবা, তোমাৰে মোৰে একো সম্বন্ধ নাই।" (১৫৮) ৰামগোপালে এই ঘটনাৰ পাছত গোপীনাথ উকীলৰ ঘৰত থাকিবলৈ ল'লে। ৰামগোপালে উকীল আৰু উকীলৰ পত্নীক মা-দেউতা বুলি মানি লোৱাৰ কথা কৈছে যদিও মোক্তাৰণী বা ভানুমতীক (উকীলৰ পত্নী) উপ-পত্নী কৰি লৈছে।

টাভুলী, ভানুমতীৰ (মোক্তাৰণী) দৰে তিৰোতাক বাটৰুৱা এজনৰ সংলাপৰ মাজেৰে সমালোচনা কৰা হৈছে। অৱশ্যে নাট্যকাৰে অসমীয়া নাৰী এগৰাকীয়ে 'বঙ্গাল'ক এৰি অসমীয়াৰ সৈতে সংসাৰ কৰা কাৰ্যক ভাল চকুৰে চাইছে। ইয়াৰ যোগেদি 'বঙ্গাল'ৰ প্ৰতি থকা অসমীয়াৰ বিদ্বেষ ভাব প্ৰকাশ পাইছে আৰু নাট্যকাৰে যৌন নৈতিকতাৰ সমস্যা সমাধানৰ পথ দেখুৱাব পৰা নাই।

ৰামগোপাল আৰু ভানুমতীৰ সম্পৰ্কও স্থায়ী নহ'ল। বসন্ত ৰোগত ৰামগোপালৰ মৃত্যু হ'ল। কিন্তু পত্নীয়ে ৰামগোপালক স্পৰ্শ কৰিব বিচৰা নাই। কাৰণ– "সিবা কি কুলিয়া?" (১৭০) অৱশ্যে শেষত ভাৰত ঠাকুৰ আৰু এজন ভদ্ৰলোকৰ কথা মানি ৰামগোপালৰ পত্নী আৰু 'স্বৰূপ' নামৰ ব্যক্তিজনে মৃতকক স্পৰ্শ কৰিবলৈ সন্মত হৈছে আৰু দুয়ো শটো কলং নদীত পেলাই দিছেগৈ।

৩. 'বঙ্গাল-বঙ্গালনী' নাটকৰ সমাজতাত্ত্বিক অধ্যয়ন

৩.১ কাহিনীৰ সামাজিক পটভূমি

অসমলৈ ইংৰাজৰ আগমনৰ লগে লগে বিভিন্ন কাৰণত বঙ্গদেশৰ পৰা আৰু বঙ্গদেশ হৈ মানুহ আহিছিল। তেনে মানুহ (বঙ্গাল) কেতবোৰে কিছুমান অসমীয়া তিৰোতাক ৰক্ষিতা বা উপ-পত্নী হিচাপে নিজৰ লগত ৰাখিছিল। 'ধেমনী' বা ৰক্ষিতাৰ পৰম্পৰা 'বঙ্গাল'ৰ লগতে অসমলৈ আহিল বুলি কোৱা হৈছে— "...আমাৰ দেশতো ধেমনী মাততো ওলাল আহি, এইটি মাত ইয়াত আগেয়ে কিবা আছিলনে? আন আন ঠাইৰ মানুহবিলাক ধেমনী ৰাখি আমাৰ দেশ নষ্ট কৰিবলে ধৰিছেহি।" (১১৩) 'বঙ্গাল' আৰু 'বঙ্গাল'ৰ লগত থকা অসমীয়া তিৰোতাৰ প্ৰতি সমাজৰ দৃষ্টিভঙ্গী ভাল নাছিল। বিবাহ-বন্ধনৰ শিথিলতাই আইনী যুদ্ধৰ সংখ্যা বৃদ্ধি কৰিছিল। স্বাধীনতাৰ পূৰ্বৰ অসমৰ এনে এক সামাজিক পটভূমিক আধাৰ হিচাপে লৈ ৰুদ্ৰৰাম বড় দলৈয়ে এই নাটকখন ৰচনা কৰিছে।

৩.২ নাট্যকাৰৰ দ্বাৰা সামাজিক সমস্যাৰ চিনাক্তকৰণ আৰু নাট্যকাহিনীৰ সামাজিক প্ৰভাৱ

নৈতিক মূল্যবোধৰ অৱক্ষয়ক নাট্যকাৰে এক সামাজিক সমস্যা ৰূপে চিনাক্ত কৰিছে আৰু তেনে অৱক্ষয়ৰ সামাজিক প্ৰভাৱ সম্পৰ্কেও নাট্যকাৰ সচেতন। সমস্যাৰ জন্ম সম্পৰ্কেও নাট্যকাৰে বক্তব্য দাঙি ধৰিছে। অৱশ্যে সমস্যা সমাধানৰ তেনে কোনো বৈজ্ঞানিক কাৰণ চিহ্নিত কৰিব পৰা নাই। অসমীয়া ধেমনী এগৰাকী অসমীয়া পুৰুষলৈ বিয়া হৈ অহাটোকে সমস্যা সমাধানৰ পথ হিচাপে দেখুৱাব বিচৰা হৈছে।

নাটকখনত অসমীয়া তিৰোতা 'বঙ্গাল'ৰ দ্বাৰা উপভুক্তা হৈ বৰ্জিত হোৱাৰ পৰৱৰ্তী পৰ্যায়ত সৃষ্টি হোৱা সমস্যাৰ কথাও কোৱা হৈছে। অৱশ্যে এনে সমস্যাৰ সন্মুখীন হোৱা নাৰী চৰিত্ৰৰ উপস্থিতি নাটকখনত দেখা নাযায়। ভোলা আৰু কানুৰ কথোপকথনৰ মাজেদিহে এই সমস্যাৰ কথা কোৱা হৈছে। এনে সমস্যাৰ উদ্ভৱ স্বাভাৱিক। সেয়ে কেৱল ভোলা আৰু কানুৰ কথোপকথনৰ মাজতে সীমিত থাকিলেও তেনে সমস্যাৰেও যে সেই সময়ৰ সমাজখন ভাৰাক্ৰান্ত আছিল, সেয়া সহজে অনুমেয়।

এনেদৰে চালে দেখা যায় যে, নাট্যকাৰ ৰুদ্ৰৰাম বৰ দলৈয়ে নাটকখনিত ঘাইকৈ দুটা সমস্যা চিনাক্ত কৰিছে আৰু সেই সমস্যা দুটাৰ মাজত আন্তঃসম্পৰ্কও আছে— (ক) অসমীয়া তিৰোতা 'বঙাল'লৈ যোৱা আৰু (খ) 'বঙাল'ৰ দ্বাৰা উপভুক্তা হৈ বৰ্জিত হোৱা।

নাট্যকাৰে যৌন নৈতিকতাৰ সমস্যাটো চিনাক্ত কৰিছে যদিও তাত পক্ষপাতিত্ব আছে। কাৰণ, ৰামগোপাল আৰু পূয়াৰাম দুয়োৰে নৈতিক চৰিত্ৰ বেয়া যদিও নাট্যকাৰে 'বঙাল' ৰামগোপালকহে বেয়া হিচাপে উপস্থাপন কৰিবলৈ যত্ন কৰিছে— "...এতিয়া কেঞানীৰে পূয়াৰামৰ কেন ঘৰবাশ হব চাবাছোন; কেঞানীৰ বৰ ভাল কঁপাল!" (১৬৭-১৬৮) এনে পক্ষপাতিত্বৰ প্ৰতি দৃষ্টি দি সমালোচক জ্যোতিৰ্ময় জানাই এনেদৰে কৈছে— "টাভুলীয়ে অসমীয়া-বাঙালী নিৰ্বিশেষে বহুতৰে লগত সহবাস কৰিছে যদিও ৰুদ্ৰৰামৰ মতে 'বঙাল'ৰ লগত কৰা সহবাসটোৱেই বেছি বেয়া হৈছে। গতিকে তেওঁ তাইক অসমীয়াৰ মাজলৈ ঘূৰাই আনি সমস্যাটোৰ সমাধান কৰি দিছে। যিবোৰ কাৰণত টাভুলীৰ দৰে দুৰ্বল শ্ৰেণীৰ নাৰী ধেমনী বা বাটলু হয়, সেইবোৰৰ কাৰণৰ বিশ্লেষণতো দূৰৰ কথা সেইবোৰৰ ইঙ্গিতমাত্ৰও নাটকখনত নাই। নৈতিক ব্যভিচাৰ ৰোধৰ বাবে কোনো বিজ্ঞানসন্মত পৰিকল্পনাও নাট্যকাৰজনৰ নাই। টাভুলী বা পূয়াৰামৰ প্ৰতি তেওঁৰ অন্তৰত সহানুভূতিও অনুপস্থিত। টাভুলী আৰু পূয়াৰামৰ যুগ্ম-জীৱন অসুখী হোৱাৰ পূৰ্ণ সম্ভাৱনাতো তেওঁ দুশ্চিন্তাগ্ৰস্ত নহয়। এজনী অসমীয়া বাটলু বা ধেমনী স্বজাতিৰ নিজা বাট বা ধামলৈ ঘূৰি আহিছে— নাট্যকাৰৰ পৰিতৃপ্তি তাতেই।" (জানা ২০২২: ২২-২৩) এনেদৰে চালে দেখা যায় যে নাট্যকাৰে সামাজিক সমস্যা চিনাক্ত কৰিলে যদিও সেই চিনাক্তকৰণ পক্ষপাতিত্বমূলক আৰু সমস্যা সমাধানৰ যি সূত্ৰ দাঙি ধৰিলে সেয়াও বিজ্ঞানসন্মত নহয়।

৩.৩ নাটকখনত উপস্থাপিত সমাজ-প্ৰতিনিধিত্বকাৰী চৰিত্ৰ

নাটকখনৰ সৱহখিনি চৰিত্ৰেই সেই সময়ৰ অসমৰ সমাজখনৰ লগত জড়িত দিশ কেতবোৰক প্ৰতিনিধিত্ব কৰিছে। 'টাভুলী' সমাজত জন্ম হোৱা 'ধেমনী'ৰ প্ৰতিনিধি। নাটকখনৰ সামৰণিৰ ফালে ভানুমতীৰ চৰিত্ৰটোও পোৱা যায়। নৈতিক মূল্যবোধৰ অৱক্ষয় আৰু যৌন নৈতিকতাৰ সমস্যাক স্পষ্ট কৰি তোলাত চৰিত্ৰ দুটাই সফল ভূমিকা পালন কৰিছে। টাভুলীৰ ভনীয়েক থুলুকীক গিৰীধাৰী ঠাকুৰে 'ধেমনী' হিচাপে ৰখাৰ কথা কোৱা হৈছে যদিও নাটকখনত এই চৰিত্ৰটোৰ শাৰীৰিক উপস্থিতি দেখা নাযায়। 'ধেমনী' বা উপ-পত্নী ৰখা 'বঙাল' চৰিত্ৰক প্ৰতিনিধিত্ব কৰিছে বলদেৱ ঠাকুৰ আৰু ৰামগোপাল বিশ্বাসে। 'বঙালনী' হোৱা টাভুলীক কেন্দ্ৰ কৰি নাটকখনত বিভিন্ন পুৰুষ-নাৰী চৰিত্ৰৰ উপস্থিতি দেখা যায়। নাৰী চৰিত্ৰৰ তুলনাত পুৰুষ চৰিত্ৰৰ সংখ্যা অধিক। নাটকখনৰ পুৰুষ চৰিত্ৰসমূহ হৈছে— ভোলা, দুৰ্গা, বলদেৱ ঠাকুৰ, কানু, মনু, মনি, ৰামমোহন পোদ্দাৰ, দয়াৰাম, লক্ষ্মীকান্ত, ৰামগোপাল বিশ্বাস, গোপীনাথ উকীল, ৰায়ধন, পাথৰীয়াল, ভকত ধূলি কাকতি, শিক্ষু গায়ণ বড়া, কোঁটা গাঁওবুঢ়া, ৰাম হৰি মজুমদাৰ, মিনাৰাম, দুৰ্গাৰাম, পূয়াৰাম, কলিয়াবড়ীয়া, ভাৰত চন্দ্ৰ ঠাকুৰ, ৰুপাৰাম কাকতি, ভদাই কলিতা, স্বৰূপ আদি। আনহাতে, নাৰী চৰিত্ৰসমূহ হ'ল— টাভুলী, থুলুকী, ঘাঁহিয়নী, ভানুমতী (মোক্তাৰনী), তাৰাৰ স্ত্ৰী।

নাটকখনত কানু, দুৰ্গা আৰু ভোলা চৰিত্ৰেই এক গুৰুত্বপূৰ্ণ ভূমিকা পালন কৰিছে। এই চৰিত্ৰ তিনিটাৰ কথোপকথনৰ মাজেদি সমসাময়িক সমাজখনত জন্ম হোৱা যৌন নৈতিকতাৰ সমস্যা, এনে সমস্যা জন্ম হোৱাৰ কাৰণ, 'বঙালনী' হোৱা অসমীয়া নাৰীৰ প্ৰতি সমাজৰ মানসিকতা, 'বঙাল'ৰ লগত সম্পৰ্ক স্থাপন কৰাৰ পৰিণতিত জন্ম লাভ কৰা সন্তানৰ ভৱিষ্যৎ সম্পৰ্কীয়

কথাবোৰ প্রকাশ কৰা হৈছে। নাটকথনত বিভিন্ন চৰিত্রৰ কার্যাৱলী আৰু চৰিত্রৰ কথোপকথনৰ মাজেদি অসমৰ সমাজত থকা জাতিভেদ-প্রথাৰ উপস্থিতিও প্রকাশ পাইছে। ভানুমতী, স্বৰূপ আদি চৰিত্রৰ কথা এই প্রসঙ্গত ক'ব পাৰি।

৩.৪ নাটকথনৰ সামাজিক ভূমিকা তথা বাস্তৱ প্রাসংগিকতা

অসমত ইংৰাজ শাসনৰ সময়ছোৱাত জন্ম হোৱা যৌন নৈতিকতাৰ সমস্যাৰ এখন চিত্র দাঙি ধৰাৰ দিশেৰে নাটকথনৰ সামাজিক মূল্য অপৰিসীম। সমসাময়িক অন্য সাহিত্যিক পাঠত এনে সমস্যাৰ বহল বর্ণনা তেনেকৈ পোৱা নাযায়। সমসাময়িক সমাজত নাৰীৰ সামাজিক স্থিতি, স্ত্রী-শিক্ষা, জাতিভেদৰ অৱস্থিতি বিষয়ক তথ্যও নাটখনিত পোৱা যায়। নাট্যকাৰে দাঙি ধৰা সমস্যাটো প্রকৃতিতে এটা বাস্তৱিক সমস্যা। এনে সমস্যাৰ আঁৰত জড়িত হৈ থকা কাৰকবোৰো বাস্তৱসন্মত। সেইবাবে ৰুদ্ৰৰাম বড় দলৰ 'বঙ্গাল বঙ্গালনী নাটক'ৰ সামাজিত ভূমিকা তথা বাস্তৱিক প্রাসংগিকতা সদায় থাকিব। অৱশ্যে নাট্যকাৰে বাস্তৱিক সমস্যাটো দাঙি ধৰিবলে যাওঁতে যি সমাধানৰ পথ চিত্রণ কৰিলে, সেয়া বিজ্ঞানসন্মত নহয়। নাট্যকাৰে "দেশৰ কোনো কোনো অনাচাৰ নিবৃতি হবৰ উদ্দেশ্যেৰে এই পুস্তক থানি ৰচনা কৰা হল" (১০৫) বুলি কৈছে যদিও তেনে অনাচাৰ নিবৃত্তিৰ উপযুক্ত পথৰ ইংগিত দিবলে সক্ষম হোৱা নাই।

৩.৫ নাটকথনত প্রতিফলিত সমাজ

যৌন নৈতিকতাৰ দৰে সমস্যাৰ লগত সাঙোৰ খাই পৰা অসমীয়া সমাজ এখনৰ কথাই নাটকথনত প্রধান গুৰুত্ব পাইছে। অৱশ্যে তাৰ লগত বিভিন্ন প্রকাৰে সম্পৃক্ত হৈ থকা সমাজখনৰ আন দিশবোৰো নাটকথনত আছে। তলত তেনে দিশবোৰ উল্লেখ কৰা হ'ল—

৩.৫.১ ধনকেন্দ্রিক আৰু বস্তুবাদী মানসিকতাই জন্ম দিয়া নৈতিক স্খলন

মুদ্রা-অর্থনীতিয়ে এচাম ব্যক্তিৰ মানসিকতাৰ ওপৰত প্রভাৱ পেলাইছিল, বস্তুবাদী কৰি তুলিছিল। ব্যক্তিৰ ধন-বিতৰ চমকত ভোল গৈ নিম্নশ্রেণীৰ থলুৱা তিৰোতা কিছুমানে নৈতিকতাক বিসর্জন দি 'বঙ্গাল'ৰ লগত সম্পর্ক স্থাপন কৰিছিল। 'বঙ্গাল' বা 'কেঞা'ৰ কথা-বার্তা, জীৱনশৈলী, আর্থিক স্বচ্ছলতা ইত্যাদি দিশৰ প্রতি এক শ্রেণীৰ অসমীয়া তিৰোতা মোহিত হৈছিল আৰু তেওঁলোকে 'বঙ্গাল' বা 'কেঞা'ৰ লগত সম্পর্ক স্থাপন কৰিলে বিশেষ জীৱন এটাৰ অধিকাৰী হ'ব পাৰিব বুলি ভাবিছিল। কিছুমানে আকৌ 'বঙ্গাল'ৰ আকর্ষণীয় চেহেৰা দেখিয়েই ভোল গৈ নৈতিকতাক বিসর্জন দিছিল। ভোলাৰ বক্তব্যত তেনে নাৰীৰ মানসিকতা ফুটি উঠিছে এনেকৈ— "যেয়ে তে-ৰা, মে-ৰা, এনেকৈ দুয়াখাৰ বঙ্গালী ফাৰ্চী মাত মাতে সেয়ে আমাৰ দেশৰ চহা মানুহৰ মানত কেঞা, বা বঙ্গাল, সম্বন্ধতো বাপু, বা মোচাই, কর্তা, আৰু সেই দৰে সকলোএ তাক মানো কৰে। আমাৰ অবোধ তিৰাতাবিলাকে তাকে দেখি বাপুৰুনী বা মোচায়নী বোলাবলে পাম, বিশেষকৈ নাক ফুলা, কাণ ফুলা, কৰধনি, কেৰেয়া, দাইলেৰে ভাত, ইয়াক পাম, মনৰ দৰে ধেমালি কৰি ফুৰিবলে পাম, মানুহটোও ধুনীয়া পাম; এইবিলাক সুখকে আশা কৰি ইইঁতত সোমাই আহি।" (১১৭) আ-অলঙ্কাৰ আৰু কাপোৰ-কানিৰ প্রলোভনত সততে ভোল যোৱা তিৰোতাৰ বিষয়ে ভোলাই কৈছে— "আমাৰ দেশৰ নিকিষ্ট তিৰোতাবিলাকৰ মন কিমান গধুৰ নেদেখিচা! সিঁতৰ অলঙ্কাৰেই ইঁপাহ নপলাই, কাপোৰেই ইঁপাহ নপলাই, এনে বিধ তিৰোতা বঙ্গালত সোমাবলে কি বড় টান কথা।" (১১৭) বঙ্গালে ৰক্ষিতা হিচাপে ৰখা তিৰোতাক কেতিয়াও পত্নী বুলি স্বীকৃতি নিদিয়ে। কিন্তু বস্তুবাদী মানসিকতাই আৱৰি ধৰা তিৰোতাই সেয়া উপলব্ধি কৰিব নোৱাৰে— "হেৰিয়াৰ জীঁতক বিয়া কৰাব, দেশলৈ নিব! সিঁতৰ বিয়াৰ হাবিয়াহ মনতেইহে গ'ল, আৰু

কনিয়া হ'বলৈ নেপায়। বঙ্গাল থাকে মালে চুপ চপাই থাকিব, দেশলৈ যাবৰ পৰত বুকুত গোৰ কেতুটি মাৰি সুপিকে লৈ গুচি যাব।" (১১৮)

৩.৫.২ নাৰীৰ শিক্ষাৰ প্ৰতি সমাজৰ সমাজৰ দ্বৈত মানসিকতা

নাটকখনত প্ৰতিফলিত সমাজখনত নাৰীৰ শিক্ষাৰ প্ৰতি থকা সমাজৰ দ্বৈত মানসিকতা প্ৰকাশ পাইছে। উনবিংশ শতিকাৰ অসমত নাৰী-শিক্ষাৰ তথা সামগ্ৰিকভাৱে শিক্ষাৰ প্ৰসাৰ তেনেই সীমিত আছিল। স্ত্ৰী-শিক্ষাৰ বিৰোধিতা কৰি সমসাময়িক কাকত-আলোচনীত বিভিন্নজনে প্ৰবন্ধ ৰচনা কৰিছিল। তাৰ মাজতো নাৰী-শিক্ষাৰ সপক্ষে থকা দুই-এজন ব্যক্তিও আছিল। কিন্তু সমাজত নাৰীৰ স্থান আৰু প্ৰাপ্য মৰ্যাদা পুৰুষে নিৰ্ধাৰণ কৰা সমাজখনত স্ত্ৰী-শিক্ষাৰ বিষয়টো আচলতে অৱহেলিতই আছিল।

নাটকখনৰ ভোলা চৰিত্ৰটো নাৰী-শিক্ষাৰ বিপক্ষে আৰু দুৰ্গা সপক্ষে। দুৰ্গাই নিজৰ কম বয়সীয়া পত্নীক নিজেই পঢ়া-লিখা শিকোৱাৰ দায়িত্ব লৈছে— "কাম এতিয়া একো নাজানেই, ময়হে লেখা পঢ়া সিকাবলৈ ধৰিছোঁ।" (১০৮) কিন্তু ভোলাৰ মতে নাৰীৰ বাবে শিক্ষাৰ প্ৰয়োজনেই নাই— "লেখা পঢ়াৰে একো গুণ নাহিব, আমাৰ সামান্য মানুহৰ তিৰোতাক কি লেখা পঢ়া লাগিছে, বোৱা কটা, ঘৰ পথাৰৰ বন ইয়াকহে লাগে।" (১০৮) ভোলাই এই কথাখিনি 'সামান্য মানুহৰ তিৰোতা'ৰ ক্ষেত্ৰতহে কৈছে। ইয়াৰ যোগেদি বুজিব পাৰি যে সামাজিক স্থিতি অনুসৰিও নাৰীৰ স্থান আৰু অধিকাৰ একে নাছিল।

৩.৫.৩ জাতিভেদ-প্ৰথা

নাটকখনত প্ৰতিফলিত সমাজখনত জাতিভেদ প্ৰবল আছিল। অসমীয়া মানুহে 'বঙ্গাল'ৰ লগত বৈবাহিক সম্পৰ্ক স্থাপন কৰা কাৰ্যক ভাল চকুৰে নাচাইছিল। ভোলাই এনে কাৰণতে দুৰ্গাক 'কলিতা' নহয় বুলি কৈছে। কাৰণ, তেওঁলোকক "সৰুৱে পৰা দত মোচায়ে পো বুলি তুলি লৈছিল"। (১০৯) 'বঙ্গাল'ৰ লগত সম্পৰ্ক ৰখা অসমীয়াই পৰাচিত হোৱাৰ কথা ভাবিছিল। কাৰণ, সমাজখনৰ ধাৰণা আছিল— "মিহলি থকাৰ সমান বেয়া নাই, মিহলিত ঘিণ (শুচিতা) নেথাকে, মান নেথাকে, একো নেথাকে।" (১০৯)

জাতিগত সংমিশ্ৰণক ভাল চকুৰে নোচোৱাৰ দৰে সাংস্কৃতিক সংমিশ্ৰণকো ভাল চকুৰে চোৱা নহৈছিল। ভোলাৰ সংলাপৰ মাজত এনে মানসিকতা স্পষ্ট— "ঘেনীয়েৰাৰ পিন্ধা উৰাবিলাক না বাঙালী না অচমীয়া, কেতিয়াবা ৰিহা মেথেলাকে পিন্ধে, কেতিয়াবা সাৰীকে পিন্ধে, নাক ফুলা, কান ফুলা, থুৰিয়া, ভৰিত কেৰেয়া, হাতত অচমীয়া থাৰু, ইয়াকো পিন্ধে, এনে দোভাষী পোসাক ভাল নহয়, দোভাষী বেওহাৰে মানুহক লঘু দেখুৱাই, যতে ততে এক জাতিয়া বেওহাৰ কৰা ভাল। এক জাতিয়া বেওহাৰে মানুহক সাধু আৰু গধুৰ দেখুৱাই ৰমক জমক ধুন নটীকেহ লাগে।" (১০৯-১১০)

অসমত থকা জাতিভেদ-প্ৰথাৰ কঠোৰতা নাটকখনত বিস্তৃত ৰূপত প্ৰকাশ পাইছে। নাটকখনত জাতিভেদৰ সমস্যাটো অসমীয়া আৰু অসমীয়া আৰু অসমীয়া আৰু 'বঙ্গাল'ৰ পাৰস্পৰিক সম্পৰ্ক-সংশ্লিষ্ট সমস্যা। সেইবাবে টাভুলীয়ে তাইৰ হাতৰ আঙঠাটো ভাল দেখা মনুক কৈছে— "সেইটো চোৱা যদি চোৱাইঁক, কিবা হাতোটো ছুলে ছুৱা যাবাইঁক নে? আমিও কোচৰহে জিয়াৰী। ঘিণ নকৰিব দেও।" (১২২) সেই টাভুলীয়েই আকৌ আশংকা কৰিছে যে তাই 'বঙ্গাল'ৰ লগত থাকি কলংকিত হৈছে আৰু জাত হেৰুৱাইছে। গতিকে পুত্ৰ বয়সৰ হ'লেও অসমীয়া যুৱক পুয়াৰামৰ ওচৰলৈ গৈছে। কাৰণ— "অচমীয়াৰ লগত থাকি মৰিলে এডাল থৰি এটোপা পানী পাম যেন মনে

ধৰে, বঙ্গালৰ লগত থাকি মৰিলে কলঙত উটাই দিব।" (১৫৩)

'বঙ্গাল' ৰামগোপালৰ মৃত শৰীৰ অসমীয়া মানুহে স্পৰ্শ কৰিব বিচৰা নাই জাত যোৱাৰ ভয়ত। আনকি, পত্নীয়েও স্পৰ্শ কৰিব খোজা নাই— "মই তাক কেনেকে চুম সিবা কি কুলিয়া?" (১৭০) আকৌ— "ময় আবিঞ তিৰোতা চাই ধেনু পৰাছিৎ হইলেই উধাৰ পাম, তে বুলি এতিয়া বঙ্গালৰ মৰা শটো চুই জাত মাৰিব পাৰোঁ নে?" (১৭০)

এনেবোৰ দিশ বিচাৰ কৰি নাট্যকাৰক জাতিভেদ-প্ৰথাৰ বিৰোধী আছিল বুলিব নোৱাৰি। কাৰণ, বিভিন্ন সংলাপত জাতিভেদ-প্ৰথাৰ প্ৰতি সমৰ্থনসূচক মনোভাব প্ৰকাশ পাইছে। সমালোচক জানাই সেয়ে কৈছে— "হিন্দু-শাস্ত্ৰসন্মত পদ্ধতিৰে নিজৰ মৃতদেহ সৎকাৰ কৰা নহ'ব বুলি টাভুলীৰ আশঙ্কাৰ প্ৰতি নাট্যকাৰৰ সহানুভূতি আৰু মৃত্যুৰ পিছত ৰামগোপালৰ দেহ কলঙত উটুৱাই দিয়া এই মনোভাৱৰে প্ৰকাশ বা পৰিণতি।" (জানা ২০২২: ৬০) এনে কাৰণতে নাটকখন সমাজ-সংস্কাৰমূলক নাটকো হৈ উঠা নাই।

৩.৫.৪ বিবাহ-বন্ধনৰ শিথিলতা আৰু বৰ্ধিত আইনী যুদ্ধ

ৰুদ্ৰৰাম বড় দলৰ 'বঙ্গাল বঙ্গালনী নাটক' ৰচিত হোৱাৰ সময়ত অসমত বিবাহ-বন্ধনৰ যথেষ্ট শিথিলতা আছিল। গুণাভিৰাম বৰুৱাৰ মতে অসমলৈ বহিঃৰাজ্যৰ মানুহ অহাৰ এটা প্ৰধান কাৰকেই হৈছে বিবাহ-বন্ধনৰ শিথিলতা— "আমাৰ দেশত বিবাহৰ নিয়ম ঢিলা হোৱাৰ কাৰণে বিদেশীয় লোকে বসতি কৰিবলে সুচল পায়।" (শইকীয়া ১৯৮৪: ১৩৫) বিবাহ-বন্ধনৰ শিথিলতাৰ বাবেই টাভুলীয়ে এজনক এৰি আন এজনৰ লগত সম্পৰ্ক স্থাপন কৰিছে। গোপীনাথ উকীলৰ পত্নীৰ ক্ষেত্ৰতো এনে বিশেষত্বই দেখা গৈছে। বহু ক্ষেত্ৰত নাৰী-পুৰুষে বিয়া-বাৰু নকৰাকৈয়ে স্বামী-স্ত্ৰীৰ দৰে বসবাস কৰিছিল আৰু তেনে সম্পৰ্কৰ পৰিণতি হিচাপে কেতিয়াবা ল'ৰা-ছোৱালীৰ জন্মও হৈছিল। এনে দম্পতিৰ সম্পৰ্কলে সংঘাত আহিলে আদালতত সেই সম্পৰ্ক প্ৰমাণ কৰাটো সম্ভৱ নাছিল। নাটকখনৰ প্ৰথম অঙ্কৰ প্ৰথম পৰিচেদত (দৃশ্য) ভোলা আৰু দুৰ্গাৰ কথোপকথনৰ মাজত এনে পৰিস্থিতিৰ বৰ্ণনা পোৱা যায়। বিবাহ-বন্ধনৰ শিথিলতাই আইনী যুদ্ধৰ সংখ্যাও বৃদ্ধি কৰিছিল। এনে আইনী যুদ্ধই দিয়া সিদ্ধান্ত অনুসৰি "আবিঞ তিৰোতাৰ লগত গৃহবাস কৰিলে সেইজনী তিৰোতাই হাজাৰ টকাৰ বস্তু লৈ গ'লেও হনু তাক ওভোতাই পাব নোৱাৰে।" (১১১)

৩.৫.৫ মহাৰাণীৰ প্ৰতি আস্থা

নাটকখনত ব্ৰিটিছ ইষ্ট ইণ্ডিয়া কোম্পানী তথা ভিক্ট'ৰিয়াৰ দ্বাৰা শাসিত পৰাধীন অসমৰ ছবি আছে। সেই সময়ত ভাৰতৰ জন-মানসত মহাৰাণীৰ এক উজ্জ্বল ভাৱমূৰ্তি গঢ়ি তোলা হৈছিল। ইয়াৰ বাবে ঔপনিৱেশিক শাসকপক্ষই তেওঁলোকৰ প্ৰতি সমৰ্থন থকা লেখক-বুদ্ধিজীৱীক ব্যৱহাৰ কৰিছিল। ৰুদ্ৰৰাম বড় দলৰ 'বঙ্গাল বঙ্গালনী নাটক'তো জন-মানসত মহাৰাণীৰ প্ৰতি আস্থা গঢ়ি তোলাৰ প্ৰমাণ পোৱা যায় টাভুলীৰ মুখত দিয়া "মহাৰাণীৰ দোহাই" কথাষাৰৰ যোগেদি। বলদেৱ ঠাকুৰৰ হাতত নাগেৰা জোতাৰ কোব খোৱা টাভুলীয়ে মহাৰাণীৰ দোহাই দি পৰিত্ৰাণ লাভৰ চেষ্টা কৰিছে। ইয়াৰ যোগেদি অসমৰ মানুহৰ মহাৰাণীৰ প্ৰতি থকা আস্থাৰ ইঙ্গিত পোৱা যায়।

৩.৫.৬ ইংৰাজৰ আগমনে অসমলৈ অনা পৰিৱৰ্তন

ইংৰাজৰ আগমনে অসমলৈ অনা বিভিন্ন পৰিৱৰ্তন আৰু তেনে কিছুমান পৰিৱৰ্তনৰ প্ৰতি অসমৰ মানুহে প্ৰকাশ কৰা উল্লাসৰ কথাও নাটকখনত পোৱা যায়— "এতিয়া ইংৰাজ সকলৰ তেজ পৰাক্ৰমৰ বলত সকলো ঠাইৰ বাট পথবিলাক মুকলি হৈ ৰৈছে, ছাগে বাঘে একে ঘাটে পানি

থালেগেও কোনেও কাৰো দ্রোহ চিন্তিব নোৱাৰে। এই নিকোনে (পথেৰে) সকলো মানুহ সকলো ঠাইলে আহিছে গৈছে।" (১১৭) অৱশ্যে তাৰ সমান্তৰালভাৱে বিদেশী মানুহে সৃষ্টি কৰা সমস্যাৰ প্রতি উদ্বেগো প্রকাশ কৰা হৈছে।

৩.৫.৭ 'বঙ্গাল'ৰ প্রতি নেতিবাচক মনোভাৱ বা বাঙালী-বিদ্বেষ

নাটকখনত ভাল 'বঙ্গাল' থকাৰ কথা কোৱা হৈছে যদিও বেয়া 'বঙ্গাল'ৰ বর্ণনাকহে গুৰুত্ব দিয়া হৈছে। ইয়াৰ যোগেদি 'বঙ্গাল'ৰ প্রতি থকা অসমীয়া মানুহৰ নেতিবাচক মনোভাৱ প্রকাশ পাইছে। যেনে— "বঙ্গালেইহে মানুহ, কটা ইহঁতৰ কি সঞ্জাত আছে!" (১৬৭) "বিদেশীবিলাকেতো জাতি কুলৰ একো বিচাৰ নকৰে, কেৱল দেখিবলৈ অলপ ভাল হলেই হল।" (১১৭)

৩.৫.৮ 'ধেমনী'ৰ নিম্ন সামাজিক স্থিতি

'বঙ্গাল'ৰ ৰক্ষিতা হোৱা অসমীয়া নাৰীৰ প্রতি সমাজৰ মানসিকতা কেনে আছিল, নাটকখনত সেয়া ভোলা, কানু আদি চৰিত্রৰ সংলাপৰ যোগেদি প্রকাশ কৰা হৈছে। ভালদৰে কাপোৰ-অলংকাৰ পৰিধান কৰি গ'লেও সামাজিক উৎসৱ-অনুষ্ঠানত 'ধেমনী' বা উপ-পত্নীৰ স্থান একেবাৰে নিম্ন আছিল— "অচমিয়াৰ ঘৰলৈ গলেইবা কোনে চোৱা গোঁজা কৰিবহে! অজাতিৰ নিচিনাকৈ নিলগেহে থাকিব। সিহঁত যদি আৰু ভাল মানুহেই হয় তেও বঙ্গালনী হল যেতিয়া কোনে আদৰ কৰিব। তোমা আমাৰ তিৰোতা যদি ফটা কানি এডুখৰি পিন্ধিএ◌ই যায় তেও ধৰা এখান পাব, বৰ ঘৰ সোমাই বহিব। ইহঁতে যদি সোনৰ কাকোনকে পিন্ধে তেও সেই নিলগে খেৰ কুটা দুডাল মান বা ডুখৰি পিৰা এডোখৰহে পাব।" (১১৯) 'ধেমনী'ৰ সন্তানৰ ভৱিষ্যৎ সম্পৰ্কীয় বক্তব্যও নাটকখনত পোৱা যায়। তেনে সন্তানে কাৰো লগ-সঙ নাপাব আৰু "অচমিয়াৰ লগতো নহয়, বঙ্গালৰ লগতো নহয়, মাজতে লেধেম ধেম হ'ব। তেও যদি লৰা চোৱালিবিলাকৰ কিছু অৰ্থ যুগুতি থাকে, গুড়ি গছো কিছু ভাল হয়, তেন্তে চুচৰি বাগৰি এপোনে এঠাইত কোনো ৰূপে ওচৰ চাপিবগে পাৰে।" (১১৯-১২০)

৩.৫.৯ মাদক দ্রব্যৰ ব্যাপক প্রয়োগ

নাটকখনত প্রতিফলিত সমাজখনত মাদক দ্রব্যৰ ব্যাপক প্রয়োগ আছিল। নাটকখনৰ প্রথম অঙ্কৰ প্রথম পৰিচ্ছেদতে (দৃশ্য) ইয়াৰ চিত্র আছে। ভোলাৰ ঘৰলৈ অহা দুর্গাই তামোল-পাণ এখন বিচৰাৰ পৰিৱৰ্তে 'আলহি শোধা যন্ত্র' (হোকা) তথা ধঁপাত বা ভাং এচিলিমৰহে থৱৰ লৈছে। ধঁপাত আৰু ভাঙৰ লগতে অসমীয়া সমাজত কানিৰ প্রচলনো আছিল। অসমত কেতিয়াৰ পৰা কানিৰ প্রচলন আৰম্ভ হৈছিল, সেই সম্পৰ্কে সঠিকভাৱে জনা নাযায়। দীননাথ শৰ্মাই 'কানিৰ অপকাৰিতা' শীৰ্ষক প্রবন্ধত বিভিন্ন বুৰঞ্জী, প্রতিবেদন অধ্যয়ন কৰি কৈছে যে, আগৰে পৰা কানিৰ অলপ অচৰপ প্রচলন থাকিলেও খৃষ্টীয় অষ্টাদশ শতিকাৰ শেষ ভাগত হিন্দুস্থানী চিপাহীয়ে বঙ্গাল দেশৰ পৰা অনা আফু গুটিৰপৰা অসমত কানিৰ নিয়মমতে প্রচলন হয়। (শৰ্মা ১৮৬২: ৮৬) ইয়াৰ লগত জড়িত হৈ থকা দুজন ঐতিহাসিক ব্যক্তি হ'ল গৌৰীনাথ সিংহ আৰু কাপ্তান ৱেলচ। ১৭৯৪ খৃষ্টাব্দত ব্রিটিছসকলে মটকৰ বিৰুদ্ধে গৌৰীনাথ সিংহক সহায় কৰিছিল। তেতিয়াই বংগ দেশৰ পৰা অসমত কানি সোমায়। ১৮৫৩ চনৰ Mills Report মতে লক্ষ্মীসিংহ ৰজাৰ দিনত ভাটী ফালৰ পৰা অসমলৈ আফুগুটি অনা হয়। বেলতলাত প্রানতে ইয়াৰ খেতি হৈছিল। এই কথা উল্লেখযোগ্য যে ব্রিটিছ-সাম্রাজ্য বিস্তাৰত কানিৰ এক গুৰুত্বপূৰ্ণ ভূমিকা আছিল। মাদক দ্রব্যই আৱৰি ধৰা সমাজৰ কথা হেমচন্দ্র বৰুৱাৰ 'কানীয়াৰ কীৰ্তন' (১৮৬১) নাটক, লক্ষ্মীনাথ বেজবৰুৱাৰ 'ধোঁৰাথোৱা' গল্প প্রভৃতি সাহিত্য পাঠতো পোৱা যায়।

৫. উপসংহাৰ

ৰুদ্ৰৰাম বৰুৱা দলেৰ 'বঙ্গাল বঙ্গালনী নাটক'ত অসমত ব্ৰিটিছসকল অহাৰ পৰৱৰ্তী পৰ্যায়ত জন্ম হোৱা যৌন নৈতিকতাৰ সমস্যা তুলি ধৰা হৈছে। নাট্যকাৰে এনে সমস্যাক এক সামাজিক সমস্যা বুলি চিনাক্ত কৰিব পাৰিছে যদিও সমস্যা দূৰীকৰণৰ যিটো পথ উপস্থাপন কৰিছে, সেয়া গ্ৰহণযোগ্য নহয়। কিন্তু সমসাময়িক সমাজখনৰ লগত জড়িত এনে সমস্যাৰ উৎপত্তিৰ কাৰণ, তেনে সমস্যাৰ প্ৰতি অসমীয়া মানুহৰ মানসিকতা ইত্যাদি বিষয়ক তথ্য দাঙি ধৰাৰ বাবে নাটকখনৰ ঐতিহাসিক মূল্য আছে। মূল সমস্যাৰ লগতে নাট্যকাৰে আন কেতবোৰ সামাজিক প্ৰসঙ্গও উপস্থাপন কৰিছে; তেনে প্ৰসঙ্গৰো সামাজিক-ঐতিহাসিক মূল্য আছে।

∎∎∎

সহায়ক গ্ৰন্থপঞ্জী

জানা, জ্যোতিৰ্ময়। *ৰুদ্ৰৰাম বৰুৱা দলেৰ বঙ্গাল বঙ্গালনী নাটকঃ মূল নাটক আৰু আলোচনা।* গুৱাহাটীঃ ভৱানী বুকচ, ২০২২।

বেজবৰা, নীৰাজনা মহন্ত। *সাহিত্যৰ সমাজতত্ত্বঃ সিদ্ধান্ত আৰু প্ৰয়োগ।* ডিব্ৰুগড়ঃ বনলতা, ২০১১।

শইকীয়া, নগেন (সংক. আৰু সম্পা.)। *আসাম-বন্ধু।* গুৱাহাটীঃ অসম প্ৰকাশন পৰিষদ, ১৯৮৪।

শইকীয়া, সচ্চিদানন্দ। *সাহিত্যৰ সমাজতত্ত্ব।* ডিব্ৰুগড়ঃ অসমীয়া বিভাগ, খোৱাং মহাবিদ্যালয়, ২০১৯।

শৰ্মা, দীননাথ। "কানিৰ অপকাৰিতা", *অসম সাহিত্য-সভা পত্ৰিকা,* নৱম বছৰ, তৃতীয় সংখ্যা, পূহ-চ'ত, ১৮৬২ শক, পৃ. ৮৩-৯৩।

শৰ্মা, বসন্ত কুমাৰ (সংক.)। *অসমীয়া নাটকঃ প্ৰাচীন আৰু আধুনিক (সমীক্ষা)।* ডিব্ৰুগড়ঃ কৌস্তুভ প্ৰকাশন, ২০১৩।

হাজৰিকা, অতুলচন্দ্ৰ। *মঞ্চলেখা।* গুৱাহাটীঃ লয়াৰ্ছ, ১৯৯৫।

Pathak, Namrata. *Trends in Contemporary Assamese Theatre.* Partridge Publishing, 2015, https://books.google.co.in/books id=VLwYCAAAQBAJ&dq=bongal+bongalini+play+assamese&source=gbs_navlinks_s

∎∎∎